KB200443

전도여왕의 전도 레시피

전도여왕의 전도 레시피

지은이 · 박인숙
초판 발행 · 2017. 10. 25
12쇄 발행 · 2024. 8. 19
등록번호 · 제1988-000080호
등록된 곳 · 서울특별시 용산구 서빙고로 65길 38
발행처 · 사단법인 두란노서원
영업부 · 2078-3333 FAX080-749-3705
출판부 · 2078-3331

책 값은 뒤표지에 있습니다.
ISBN 978-89-531-2995-5 03230

독자의 의견을 기다립니다.
tpressduranno.com   http://www.Duranno.com

두란노서원은 바울 사도가 3차 전도여행 때 에베소에서 성령 받은 제자들을 따로 세워 하나님의 말씀으로 양
육하던 장소입니다. 사도행전 19장 8-20절의 정신에 따라 첫째 목회자를 돕는 사역과 평신도를 훈련시키
는 사역, 둘째 세계선교(TIM)와 문서선교(단행본·잡지) 사역, 셋째 예수문화 및 경배와 찬양 사역, 그리고 가
정·상담 사역 등을 감당하고 있습니다. 1980년 12월 22일에 창립된 두란노서원은 주님 오실 때까지 이 사
역들을 계속할 것입니다.

평생 현역으로 춤추며 사는 법

전도여왕의
전도 레시피

박인숙 지음

두란노

"전도에 인생의 후반전을 건 만년 소녀 박인숙입니다."

권사님은 강의 전에 '솔' 음으로 이렇게 자신을 소개하신다.

85세에 가나안 중에도 가장 험한 헤브론에 도전장을 낸 갈렙처럼 권사님은 가장 견고한 전도의 성을 정복하기 위해 20년째 정복전쟁 중이다. 이 책은 아낙 자손같이 크고 강한 전도 대상자를 칼과 창이 아닌 말씀과 유연한 경험으로 무너뜨린 승리 보고서다. 이 시대 갈렙이 되고자 준비하는 시니어들에게 이 책은 친절한 지도책이요 전력과 전술의 비밀문서이다.

오늘도 절망의 벽을 오르는 많은 담쟁이들에게 손 내밀어 푸르게 절망을 덮는 권사님께 존경과 감사를 전하고 싶다.

_강어수 온누리시니어미션스쿨 팀장

대형 교회들이 곳곳에 자리잡고, 좋은 시설과 좋은 환경으로 성도들을 끌어모으는 요즈음, 작은 교회들은 갈 곳이 없어 절망한다. 전도해야 한다는 주님의 지상 명령에 순종해야 하는데, 아무리 노력해도 열매를 얻을 수 없어 "전도가 되지 않는다!" 하며 아예 전도를 포기해 버리기도 한다. 이런 때 박인숙 권사님을 통해 하나님은 목회자를 부끄럽게 만드신다. 오랜 전도의 길을 달려오면서 하나하나 익히고 다듬은 전도의 비법들을 책으로 출간해 주시니 참으로 반갑고 감사하다.

　이 책을 통해 전도의 절벽에 놓여 있던 교회들이 도전을 받고, 다시 한 번 마른 뼈에게 대언하여 생기를 불어 넣는 에스겔의 역사를, 그래서 마른 뼈들이 일어나 하나님의 군대로 살아나는 놀라운 역사의 한 모퉁이 역할을 감당할 수 있기를 두 손 모아 기도한다.

_김해수 참사랑교회 담임목사

　추운 겨울 공원에서 혼자 걸으며 운동을 하던 중 맞은편에서 걷는 권사님과의 만남은 내게 큰 축복이었다. 유방암 수술 후 이사 온 지 한 달 남짓 돼 외롭게 지냈는데, 밝고 예쁜 권사님과의 대화로 내 마음이 따뜻하게 데워졌다. 권사님은 처음부터 일방적으로 전도하지 않았고, 일상의 대화를 통해 한

발자국씩 다가오셨다. 질문을 통해 나의 잘못된 관점을 깨뜨려 주시고 확실한 복음을 심어 주셨다. 자신이 다니는 교회에 등록시키려 하지 않고, 집에서 가까운 교회로 인도해 주셨고 남편의 기일에 추도예배도 이끌어 주셨다. 지금은 김포로 이사를 와서 좋은 교회를 만나 자녀와 손주들과 함께 믿음생활을 하고 있는 것은 권사님 덕분이다. 나도 권사님처럼 복음을 전하는 사람으로 쓰임 받도록 기도하고 있다.

_도재숙 김포전원교회 성도

"말은 생명이고 영이다. 스피치란 인생을 단순함으로 정리해 주는 나침반이다. 과거에 매이지 않고 현재를 충실히 살며 찬란한 미래를 위해 달려 나가게 해 주는 도움닫기 구름판이다"라는 얘기를 자주 하시는 '꿈꾸는 만년 소녀' 박인숙 선생님의 출간을 환영한다. 꾸준히 도전하고 배워 나가는 모습이 아름다운 저자는 나의 스피치 수업에 참여하는 동료다. 이 책을 통해 바른 신앙관과 자기애, 가족과 이웃의 소중함을 느끼는 좋은 계기가 되기를 기원한다.

_박진호 K-멘토&비전센터 대표 / 한세대학교 대학원 교수

만년 소녀 박인숙 권사님은 전도 요청이 들어오면 장소와 시간에 관계없이 제일 먼저 전도 현장으로 달려가시고, 전도 학교 훈련 중에는 훈련생들에게 전도 이론과 전도 실제에서 항상 모범을 보이시는 분이다. 손톱에 봉숭아물이 들듯 전도 역시 다른 사람을 통해 물들어 간다. 권사님은 나에게 전도 물을 들게 하신 분이다. 이 책을 통해 '전도는 이렇게 하는 것 이다'라는 것을 배울 것이다.

_**장경문** 온누리전도학교 담당 장로

나는 이 세상을 그냥 자연인으로 무심히 살아왔다. 책 읽는 것을 좋아했지만 종교에 대해 알지 못했고 관심도 없었다. 그런데 딸이 끈질기게 교회에 나갈 것을 권유하다가 박 권 사님한테 부탁해 권사님이 나를 위해 광주까지 내려와 복음 을 전했다. 나는 평소에 전도하러 다니는 사람들을 못마땅하 게 생각했기에 처음에는 마음을 닫고 있었다. 그런데 몇 번 만나고 보니, 권사님은 내 마음을 잘 읽어 주었고 쉽게 공감 이 가도록 전해서 나는 예수님을 받아들였다. 지금은 하나님 말씀을 배우고 신앙생활 하는 것이 노년에 큰 활력소가 되고 귀한 집사직분까지 받았다. 권사님께 다시 한 번 감사드린다.

_**장성환** 광주동부교회 집사

박 권사는 중학교 시절 꼭 붙어 다녔던 친구다. 갑작스럽게 남편이 폐섬유화로 수면치료 중 깨어나지 못하게 되었다. 남편이 믿지 않은 것이 마음에 걸려 친구에게 기도를 부탁했더니 단숨에 달려왔다. 비록 의식이 없어도 귀는 열려 있다면서 박 권사는 복음을 정성껏 전했다. 남편은 여전히 무의식 상태였지만 복음을 받아들였다는 믿음과 평안이 내게 있었다. 마침 큰 오빠가 같은 병원에 입원했는데 독실한 불교신자인 오빠 내외까지도 전도해서 예수님을 영접하는 것을 보고, 나는 복음이 능력임을 알게 되었다. 올 7월에는 103세 되는 무교인 친정어머니까지 전도했다. 나는 박 권사가 내 친구라는 게 마냥 자랑스럽다. 남편과 오빠를 하늘나라로 보내고 때론 마음이 허전하지만 나도 박 권사처럼 그렇게 살고 싶다.

_**태복순** 두레교회 집사

그리스도인이라면 누구든지 전도하기를 원하지만 뜻대로 되지 않는 경우가 대부분이다. 이 책의 전도 레시피는 우리의 일상 속에서 이루어진 수많은 전도 사례를 통해 잘 전도하는 비결을 우리에게 알려 주므로, 전도에 대하여 자신감을 갖도록 한다. 전도는 쉽다. 반드시 우리를 기다리는 영혼이 있기 때문이며, 복음만으로 충분하기 때문이다. 전도는 관계

형성이다. 먼 곳에서 대상자를 찾을 것이 아니라 충분히 잘 알고 있는 이들부터 시작하자. 그리고 전도를 통해 내 안에 복음이 넘치게 됨을 만년 소녀 박인숙 권사님은 깨우쳐 주신다. 전도 레시피로 맛있게 한 영혼 한 영혼 구하는 기쁨이 넘치게 되기를 기도 드린다.

_이남식 前 전주대 총장, 수원대학교 제2창학 위원장

비가 억수같이 쏟아지던 날, 병실로 들어오던 두 분 권사님의 모습이 아직도 생생하다. 딸아이가 권사님께 "외할아버지와 외할머니께 복음을 전해 달라"고 부탁했다는 것이다. 그러나 서울에서 부산까지 진짜로 달려와 주실 줄은 정말 몰랐다. 손에 정성 가득 담긴 약밥과 과일을 들고서 병실로 들어오시는 모습은 감동 그 자체였다. 노환으로 눈조차 잘 뜨지 못하시는 친정 아버지께 하나님의 말씀을 들려주시고, 찬양으로 하나님의 사랑을 전해 주시던 그 사랑을 기억한다. 평소에도 복음을 전하면 예수님을 거절하지 않으셨지만 마음에 확신이 없었다. 그런데 바로 그날 천리 길도 마다하지 않고 내려오신 두 분의 열정이 아버지의 마음을 열었다. 복음을 들으신 이틀 뒤 아버지는 아주 편안히 주무시듯 임종하셨다.

그러나 팔십 평생 불교에 몸담아 오며 불교에 대해 해박한

지식을 가진 어머니가 관절염으로 다른 병원에 입원하셨다. 권사님은 종교를 바꾸라는 것이 아니라 번뇌와 고통의 문제를 내 힘으로는 할 수 없지만 그 문제를 해결해 놓으신 예수님께 자신을 맡겨 보라고 하시며 종교에 대한 거부감을 무너뜨리셨다. 어머니는 예수님을 영접하셨다. 몸에 밴 불교적 관행과 습관을 하루아침에 바꾸기가 힘들어 마음으로 갈등하고는 있지만 앞으로 하나님의 자녀로 믿음의 삶을 살아가시리라 믿는다. 권사님의 복음에 대한 열정과 열심에 경의를 표한다.

_이은수 부산서면교회 권사

영혼을 향한 순수한 사랑과 열정이 이토록 아름다울 수가 있을까! 하나님이 가장 기뻐하시는 일은 영혼 구원이다. 저자는 어디든 달려가는 '애니콜 전도자'로 20년간 구원의 기쁨을 전하고 있다. 전도계의 일등 쉐프처럼 다양한 전도 레시피를 준비해 놓고, 만나는 사람의 입맛에 맞게 복음의 요리를 뚝딱 만들어 대령하면 안 먹고는 못 배긴다. 이 책은 "나는 평생 전도 같은 건 못할 거야"라고 말하는 이들에게서조차 "주님, 저 전도하고 싶어요"라는 자백을 받아 내고야 말 것이다.

_이재훈 온누리교회 담임목사

우리는 때로 이런 고민에 빠진다.

"내가 살아도 사는 것이 아니야", "내가 웃어도 웃는 것이 아니야."

이 말은 삶의 형태와 모양은 있지만, 생기(生氣)와 능력은 없다는 뜻이다.

박인숙 권사님은 하나님의 꿈과 생기를 마음에 품고 오늘도 상대방과의 접촉점을 찾는 복음의 개척자이며, 우리의 밥벌이에 꿈과 복음을 담고 있으면, 더 이상 지겨운 밥벌이가 아님을 온몸으로 보여 주는 모델이다.

전도에 대한 마음은 있으나 두려움을 갖고 있는 분들이라면, 이 책과의 만남을 통해서 병이나 죽음이 우리를 붙들고 있는 것이 아니라, 하나님이 우리의 삶을 붙들고 계심을 확신하게 될 것이며, 하나님이 나를 이 땅에 보내신 이유와 내게 주신 소명이 무엇인지를 꿈꾸게 될 것이다.

_장경철 서울여대 교수

차례

1부

전도 레시피 1
: 전도가 어렵다? 방법만 알면 쉽다!

내 인생의
변곡점에 서서

"인생은 실력대로 되는 것이 아니라 꿈대로 된다고 믿는 만년 소녀!"

"전반부보다 후반부 인생이 더 아름다운 박인숙입니다."

요즘 나를 소개할 때 즐겨 사용하는 말이다. 나는 '내 인생 끝났다'고 생각했던 그때, 예수님을 만났다. 비포(Before)와 애프터(After)가 확실히 달라지니 예수님을 전하고 싶어 견딜 수 없었다. 그런데 거리에서 강매하듯 일방적으로 전도하는 사람들의 모습을 보면, 나부터 눈살이 찌푸려지고 어디론가 숨고 싶었다.

그러나 전달 방법의 문제일 뿐, 우리 주위에 복음을 간절히 기다리는 사람이 의외로 많다. 그래서 일방적으로 복음을 선포하기보다 먼저 그들의 마음을 여는 작업이 필요함을 깨달았다.

후반부 인생을 전도에 올인(All-in)하면서 전도의 접촉점을 찾으려고 기도하며 고민을 많이 했다. 지난 20년 동안 나는 어린 친구에서 어르신에 이르기까지 다양한 사람들을 만났다. 이들은 연령, 세대, 직업, 종교, 환경, 가치관 등이 다르기에 그에 따른 전략과 대처 능력이 달라야 했다. 현장에서 부딪히면서 엉뚱한 접촉점을 사용해 실수하며 조금씩 노하우를 얻었다.

이런 나의 경험, 즉 상황에 따른 접촉점을 교회 안팎에서 나누다 보니, 전도 스피치 강의까지 하게 되었다. 가는 곳마다 전도의 상황별 접촉점이 소개된 책자를 발간해 달라는 요청이 있었다.

과거에는 음식을 맛있게 만들고 싶은데 조리법을 몰라서 초보 주부들이 어려움을 겪었지만, 요즘엔 스마트폰으로 검색만 하면 음식 레시피가 나와 쉽게 따라 할 수 있다. 이처럼 전도를 하고 싶어도 어떻게 접근해야 할지 방법을 몰라 주저하는 사람들에게 때와 장소와 상황에 맞는 전도 레시피를 들여다보면서 전도를 쉽게 따라 할 수 있도록 안내서를 써야겠다고 결심했다.

　이 책이 '살림' 곧 사람을 살리는 전도 레시피가 되길 희망한다. 목회자와 교회 중직자를 비롯하여 선교사, 은퇴한 실버 세대, 차세대 교사, 탈북민 및 이주민 사역자, 일반 성도 등 전도의 열정을 지닌 독자들에게 읽혀져, 나의 이 작은 경험이 주님의 다시 오심을 앞당길 수 있는 촉매제가 되기를 꿈꾸어 본다.

　우리 친손자 '조이엘'이 올해 1월 1일 0시 2분에 태어났다. 그런가 하면 나는 '인생 칠십 고래희(古來稀)'가 아닌 '고래다(古來多)'라는 칠순을 맞는다. 지난 신앙 여정의 결산이자 내 인생의 변곡점이 될 것이다.
　전도, 할 수 있는 '나'이다.
　전도, 할 수 있는 '나이'다.

　이 책이 나올 수 있도록 깊은 영감을 준 나의 정신적, 영적 스승인 고(故) 하용조 목사님과 이재훈 담임목사님께 머리 숙여 감사를 드린다. 원고 작업을 하는 내내 옆에서 산파 역할을 해 주신 봉은희 북코치님, 기도로 응원해 준 온누리전도학교 식구들에게도 감사드린다.

묵묵히 곁에서 손을 잡아 준 남편과 딸, 아들 부부, 무엇보다 책의 소재거리를 제공해 주며 이 할머니에게 늘 '엄지 척'을 해 주는 사랑스런 손주들이 고맙고 든든하기 그지없다. 끝으로 이 책을 기쁨과 기대감으로 출간해 준 두란노 출판부 식구들에게 감사를 드린다. 이 모든 영광을 주님 받으소서.

2017년 10월

만년 소녀 박인숙

/ 1부 /

전도 레시피 1

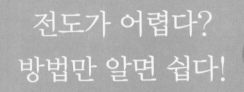

전도가 어렵다?
방법만 알면 쉽다!

그릇을
빌려라

15년 전 나와 친한 전도사님이 계셨다. 그분은 정말 전도를 맛깔스럽게 잘했다.

전철 안에서도 옆에 앉은 어린아이에게 말을 걸며 자연스럽게 복음을 전했다. 같이 동행한 아이의 엄마도 거부감을 갖지 않고 오히려 귀를 기울이며 좋아했다. 그때그때 상황에 맞게 적절한 예화를 들어가며 그 사람의 눈높이와 현 시대에 맞는 공감의 언어로 참 쉽게 전했다. 나는 그분의 소통방식이 부러웠다. 그런데 막상 나도 그렇게 해보려고 하면 눈앞이 깜깜해지고 생각이 떠오르지 않았다. 하루는 그 전도사님께 강청을 했다.

"전도사님, 늘 사용하시는 그 전도 접촉점을 글로 좀 옮겨 보세요. 나도 그걸 보며 따라 해 보고 싶어요."

"글로 쓸 게 뭐 있어요? 그때그때 성령님이 주시는 생각대로 하면 돼요."

그 말이 정답이었다. 하지만 뭔가 허탈했다. '전도의 은사가 있는 사람이라야 전도를 하는가?'라는 의구심까지 들었다.

"그래도 전도할 때마다 주셨던 생각들을 잘 기록해 보세요. 그것을 자료로 만들어 나누면, 전도하는 사람들에게 도움이 되지 않을까요?"

포기하지 않고 밀어붙이는 나의 주문에, 전도사님은 시간이 나면 해보겠다고 말했다. 그런데 안타깝게도 그분은 암으로 투병생활을 하다가 하늘나라로 가셨다. 이후로도 나는 전도의 접촉점을 마련해 줄 그 누군가를 계속 찾고 기다렸다.

어느 날 말씀 묵상을 하는데 '네가 찾고 있는 그 사람이 바로 너다'라는 마음을 주셨다. "저는 할 줄 모르는데요? 저는 전도하고 싶은 마음만 있지, 가진 게 아무것도 없습니다"라고 말했다. 그때 주신 성경말씀이 열왕기하 4장이었다.

엘리사의 제자의 아내가 죽은 남편으로 인해 빚을 져서 그 문제를 가지고 엘리사를 찾아왔다.

"내가 어떻게 도와주면 되겠느냐? 집 안에 무엇이 있느냐?"

"제가 가진 것은 기름 한 병밖에 없습니다."

"가서 네 이웃에게 다니며 그릇들을 빌려라."

이 여인은 그릇들을 빌려와서 한 병의 기름으로 그릇마다 부었더니 계속 기름이 나왔다.

나는 이 말씀이 "네가 가진 접촉점에 대한 간절함의 기름이 한 병 있는데, 이웃에게 그릇들을 빌려라"는 주님의 음성으로 들렸다.

세상의 모든 창조는 이미 존재하는 것들의 또 다른 편집이다. 해 아래 새것은 없다. 기껏 창조적 모방이 있을 뿐이다. 인생에서 가장 소중한 것은 고수에게서 훔치면 된다. 하수는 백지에서 창조하려고 한다. 고수는 베끼고 훔친다. 그런 다음에 자기 것으로 재창조한다. 불현듯 여기저기서 읽었던 글들이 떠올랐다. 그때부터 나는 메모하기 시작했다. 설교 말씀, 독서, 신문, 미디어 등에서 접촉점을 찾아냈다. 그리고 그것을 생활 속에 적용해 보았다. 특히 병상에서 외롭게 누워 있는 환자들에게 그들의 상황과 눈높이에 맞춰 응대해 보았다.

그들은 금세 마음을 열었다.

나는 밥 버포드(Bob Buford)의 저서 《하프타임》을 읽고 이렇게 그릇을 빌려 오기도 했다.

"운동경기에도 하프타임이 있듯이 인생에도 하프타임이 필요합니다. 바로 이 병상이 하프타임이 아닐까요? 짧은 휴식을 통해서 전반전을 돌아보며 후반전을 뛸 새로운 전략을 짜는 것입니다. 전반전엔 부진했어도 하프타임을 잘 이용한다면 후반전에 역전시킬 수도 있지요. 이 하프타임에 인생의 감독 되신 하나님을 소개하고 싶습니다."

이 짧은 코멘트는 교통사고, 산재사고 등으로 입원한 중년의 남성 환자들에게 적중했다. 그들은 다리나 팔이 골절되어 깁스를 하고 있었지만, 오랜 기간의 병원생활로 지루함을 이기지 못해 스포츠 경기를 시청하며 무료함을 달래고 있었다. 그럴 때 '아! 지금이 내 인생의 하프타임이구나' 하고 그들의 생각을 일깨워 주는 접촉점이 되었다. "아주머니, 정말 그런 것 같군요. 한번 들어 봅시다" 하면서 귀를 기울였다.

때로는 일방적으로 바로 복음을 선포해야 할 경우가 있다. 긴박하거나 마음이 다 열려 있을 때이다. 그러나 대부분 마음으로 공감하고 복음의 필요성을 깨닫게 하기 위해서는 그들의 마음을 클릭할 수 있는 특별한 메시지가 있어야 한다. 나

는 온누리교회 고 하용조 목사님과 이재훈 목사님의 맞춤전
도 집회의 말씀들에서, 때론 인문학 서적 등에서 내가 전도에
사용할 말들을 빌려 온다. 그리고 믿지 않는 사람들과의 교류
를 통해 그들의 생각과 가치관을 알아 가면서 어떻게 다가갈
지 고민하고 기도한다. 그러면 하나님께서 반드시 그에 맞는
답을 주신다.

전도는 생각하고, 고민하고, 기도하고, 기록하고, 기대하는
것이다. 내가 가진 것이 없다고 포기하지 말고 남의 그릇을
빌려서 내 것으로 삼아 전도 접촉점을 만들어 보는 것이 중
요하다. 전도의 접촉점으로 사용할 그릇을 많이 준비하자. 먼
저 전하는 자신이 새로운 아이디어를 얻고, 기쁨을 누리며,
생각의 변화가 오는 것을 경험하게 될 것이다.

만유인력의 법칙 등 근대 과학의 기초를 쌓은 뉴턴에게
"어떻게 그런 많은 것을 발견했나요?" 하고 물었을 때, 뉴턴
은 "내 마음이 항상 거기에 있었기 때문입니다"라고 말했다.

전도자의 마음이 어디에 있는지가 중요하다. 하나님과 전
도 대상자의 마음을 읽을 줄 아는 사람이 진정한 전도자다.
우리 주변에 빌릴 그릇들이 널려 있다. 오늘도 나는 빌려 온
그릇들을 뒤적여 본다.

"자네는 정말
영험한
여자야!"

"교회는 다니되 깊이 빠지지 말고 점잖게 믿으며, 내게는 절대 강요하지 말라."

결혼 초 남편은 신앙생활에 열심인 내게 이렇게 못을 박았다. 불교, 유교, 무속신앙이 뒤섞인 가정에서 8남매의 막내로 성장한 남편은 집안의 규범과 어른들에 대한 예의에서 벗어나는 행동을 한다는 건 상상할 수 없었다. 특히 어머니를 제일 무서워하고 효도하려는 마음이 컸기에, 아내를 따라 예수님을 믿는다는 것은 쉽지 않았다. 나는 불현듯 '아하! 어머님을 전도하면 되겠구나'라고 생각했다.

어머님은 평생 절에 나가면서 신주단지를 모시고 산 분이다. 우리가 시골에 갈 적마다 떡을 하셨는데 그 떡을 제일 먼저 신주단지를 둔 장롱 위에 올려놓으시곤 했다. 막내며느리인 나를 예뻐하셨기에 전도를 하면 그때마다, "나는 살 만큼 살아서 괜찮지만 종교를 바꾸면 집안에 우환이 생기고 자식들이 잘못될까 봐 안 된다" 하셨다. 그런데 평생을 시골에서 사신 88세 고령의 어머님은 큰 아들이 파킨슨병으로, 둘째 며느리가 암으로 세상을 먼저 떠난 예기치 못한 일을 겪으셨다. 나는 시댁을 위해 기도했는데 '이때가 전도의 기회다'라는 생각이 들었다. 어머님을 우리가 모시면 남편도 어머님도 다 주님 앞으로 돌아오는 계기가 된다는 마음을 성령님이 주셨다. 그런데 어머님은 신주단지 때문에 마음이 걸려 주저하셨다.

"어머님! 그토록 신주단지를 섬겼는데 왜 집안에 우환이 생기지요? 그것이 집안을 지켜 주는 것이 아니라서 그래요. 생사화복을 주관하시는 분은 하나님입니다. 하나님을 믿을 때 우환이 떠날 뿐 아니라 그분이 우리를 지켜 주십니다. 걱정하지 마시고 신주단지를 제게 맡겨 주세요."

막내며느리인 내가 그처럼 담대하게 말할 수 있었던 것은 내 힘이 아니었다. 어머님은 아들이 잘못되면 안 되지만 며느리는 괜찮으신지 내게 선뜻 신주단지를 내어 주셨다. 나는 사실 신주단지 안에 무엇이 들었을까 궁금했다. 그런데 그것은 옛날 한복을 넣어 두는 상자였다. 그 안에는 여자 속옷과 버선, 치마, 저고리 한 벌이 들어 있었다. 나는 그제야 어머님을 이해할 수 있을 것 같았다.

어머님은 19세에 처녀의 몸으로, 상처한 분과 결혼하셨다. 슬하에 두 아들까지 있었지만 어른들끼리 술 한 잔 들면서 취중에 딸을 주겠다고 한 약조 때문에 재취로 들어왔다는 말씀을 내게 하신 기억이 났다. 이 옷들은 전처의 것으로 혹시 전 부인이 내가 낳은 자식들에게 해코지를 할까 봐 두려워서 이 옷들을 신주단지 모시듯 한 것이다. 나는 어머님이 아닌, 한 여자의 일생을 보면서 마음이 아팠다.

> "또 죽기를 무서워하므로 한평생 매여 종노릇하는 모든 자들을 놓아 주려 하심이니" 히 2:15

집안에 우환이 생길까 봐 평생 귀신을 섬기신 어머님을 놓아 주기 위해 예수님이 오셨고, 그 일을 행하기 위해 내가 이 집안에 며느리로 들어온 것이었다.

나는 곧장 바깥 화장실 앞에서 "내 안에 계신 이가 세상에 있는 자보다 크다"라고 선포하며 그것을 불태웠다. 두려움은 커녕 담대함이 생기고, 하나님의 임재를 경험하는 시간이었다. 그것을 처리해 버리자 어머님은 "이제는 어쩔 수 없이 예수를 믿어야 하겠구나" 하셨다. 나는 "어머님, 걱정 마세요. 우리 이제 잘될 거예요" 하며 안심시켜 드렸다.

우리 집에 오신 어머님은 예수님을 영접하시고 세례까지 받으셨다. 어머님은 귀가 잘 안 들려서 평소에 입 모양만 보고 소통하셨다. 그럼에도 주일이면 칠보단장을 하고 예배를 드리러 나가셨다. 남편도 "나는 운전기사다" 하며 멋쩍은 얼굴을 하고서 교회에 발을 들여 놓았다. 절에 다닐 적에 '큰스님'이라고 부른 경험 때문인지 어머님은 하용조 목사님을 '큰목사님'이라고 하며 비록 말은 잘 안 들려도 마음으로는 알아듣는다고 하셨다. 늦게 믿었기에 더 열심히 해야 한다고 하면서 사도신경과 주기도문을 밤낮으로 읽더니 어느 날 저절로 외우시는 것이 아닌가! 그뿐 아니라 "예수님, 이 늙은 것 좀 봐 주이소" 하며 하나님이 기뻐하시는 기도를 하셨다. 예수를 믿는 것은 전적인 하나님의 은혜임을 정말 실감했다.

신명기 말씀을 묵상할 때였다.

"어머님, 모세가 죽을 때 120세였는데 눈이 흐리지 않았고 기력도 쇠하지 않았대요. 이 말씀을 붙잡고 기도하시면 그대로 이뤄질 거예요."

"다 좋은데 120살까지는 안 살고 싶다."

"그러면 이 세상 살 동안 모세처럼 눈이 흐리지 않고 기력이 쇠하지 않게 해 달라고 기도하세요" 하면서 나는 신명기 34장 7절 말씀을 크게 써 드렸다.

"네가 신주단지를 없앴는데도 불구하고 네게 아무 일도 일어나지 않았고 너희 집이 편안한 것을 보니 하나님은 진짜 살아 계시고 네가 참 영험한 것도 알겠다" 하시며 내 말을 어린아이처럼 받아들이셨다. 말씀을 믿고 전했더니 하루아침에 나는 영험한 여자가 되었다.

정말 기도대로 어머님은 돋보기를 끼지 않고도 눈이 밝아 성경을 읽으실 뿐만 아니라 성경이 어떤 책보다도 재미있다고 하시며 성경통독이 직업이 될 만큼 하루 종일 큰 소리로 읽으셨다. 특히 요셉이 아버지 야곱을 수레에 모시고 가는 장면에서는 눈물이 난다고 하셨다. 그런가 하면 좀 섭섭하고 불편한 마음이 생기면 "부모에게 함부로 하면 눈이 까마귀에게 쪼이게 된다"(잠 30:17 참조)고 은근히 협박도 하셨다. 그때마다 "어머님, 섭섭하게 해드려 죄송해요. 용서해 주시고 제발 하나님께 일러바치지 마세요" 하면 금방 노여움을 풀고 웃으셨다. 나이가 들면 아기가 된다는 말이 이해가 되었다. 귀가 잘 안 들리셔서 입 모양만 보고 소통하시는 어머님이기에 더욱 성경을 가까이하신 것 같다.

가끔 "어머님, 나중에 천국 가실 수 있지요?" 하고 여쭤 보면, "내가 전생에 죄가 많아 후처가 되었는데 천국에 갈 수 있겠나? 내가 죄 닦느라고 이렇게 오래 살지" 하셨다.

그때마다 "전생의 죄의 업보 때문이 아니라 모든 사람이 죄를 지었기에 천국에 갈 수 없어요. 그런데 예수님이 십자가에서 죽으셔서 어머님의 죄를 다 닦아 놓으셨어요. 어머님이 닦으실 필요 없고, 다 닦을 수도 없어요. 단지 그 예수님을 믿기만 하면 천국에 가세요. 그리고 오래 사시는 이유도 아직도 믿지 않는 자녀들에게 예수님을 믿도록 전도하고 기도하는 사명이 있기 때문이에요"라고 말씀드렸다. "그래 너는 영험하기에 네 말만 들으면 만사형통이다" 하시며 자손들이 찾아올 때마다 예수 믿어야 산다고 전도하셨다.

어머님의 100세 생신 때 나는 다시 천국에 대한 확신을 점검했다. "그래, 나는 잘한 것이 하나도 없지만 예수님을 믿기 때문에 내일이라도 죽으면 천국에 간다"라고 너무나도 확신 있게 말씀하셨다. 그리고 두 달 후 자리에 눕게 되셨다. 병원에 가보자고 말씀드렸더니 "아픈 곳이 없는데 왜 병원에 가느냐" 하시며 일주일 동안 미음만 드셨다. "네가 수고 많았다. 천국에서 만나자"라고 하셨다. '기도한 대로 아프지 않고 기력이 다 해서 가시는구나' 하는 생각이 들었다. 어쩐지 오늘을 넘기지 못할 것 같아 장례식장도 미리 알아보았다. 어머님은 그날 저녁 무렵에 자녀들이 보는 가운데 눈을 감으셨다. 천사 같은 모습이셨다. 문막에 있는 온누리 동산에 묻히신 어머님의 묘비에 이렇게 새겨 놓았다.

"100세까지 모세처럼 눈이 흐리지 않고 기력이 쇠하지 아니하였도다."

추도예배를 드릴 때마다 "자네는 정말 영험한 여자야"라면서 형님들이 농담을 한다.

> "그러므로 내가 너희에게 말하노니 무엇이든지 기
> 도하고 구하는 것은 받은 줄로 믿으라 그리하면
> 너희에게 그대로 되리라" 막 11:24

새 타이어로
갈아 끼우시는
하나님

어머님이 복음을 받아들이고 성경 읽기와 교회에 나가는 것을 무척 좋아하시자, 남편은 어머님을 차로 모셔다 드리는 운전기사가 되어 자연스레 온누리교회 예배당을 출입하게 되었다. 나는 남편이 담임목사님(고 하용조 목사님)의 말씀을 들으면, 금방 변화되어 가정의 제사장으로 세워질 줄 알았다. 그러나 남편은 아니었다. 도리어 자기에게 신앙을 강요하지 말라며 분명하고도 완강하게 주장하고 나섰다.

"내가 술을 좋아하기는 하지만 지금껏 한눈팔지 않았고, 가장으로나 사회인으로서 부끄럼 없이 살아가고 있다. 그러니 예배시간에 같이 앉아 있어 주는 것 그 이상을 기대하지 말라."

남편은 논쟁을 벌이거나 강요해서 통할 사람이 아니었다. 성령께서 눈을 열어 주셔야 한다는 것을 깨달은 나는 기도하면서 기다리기로 했다. 그나마 감사했던 건 전날 만취가 되었어도 남편은 주일 아침이면 일찍 일어났고, 예배를 거른 적이 한 번도 없었다. 매 주일 예배를 통해 조금씩 마음이 열리는 것을 곁에서 느낄 수 있었다. 그러나 주변의 친지, 동료, 친구들과 지금까지 몸에 밴 체면문화 때문에 말씀(믿음) 안으로 쑥 들어오지 못한 채 성전 뜰만 밟고 있는 듯했다. 그렇게 성도가 아닌 운전기사 역할만 하며 보낸 세월이 자그마치 10년이었다.

그런 남편에 대해 나는 실망하기 시작했다. 그동안은 하나님께서 내게 남편에 대한 약속의 말씀을 주셔서 잘 버틸 수 있었다. 하지만 남편이 38년 6개월의 교직생활을 마감하는 정년퇴직을 앞두고 있음에도 불구하고 여전히 하나님의 자녀로, 성도로 살지 못하는 것을 보게 되자 속상했다. 2005년 봄, 나는 남편의 구원 문제와 함께 앞으로 우리 부부의 사역을 놓고 간절히 기도했다.

"하나님, 제 남편이 퇴직을 눈앞에 두고 있습니다. 그에게 새로운 타이어(retire)로 갈아 끼워 주세요. 또한 인생 후반전을 선교에 대한 비전을 품고 함께 이루어 나갈 수 있도록 증거를 보여 주세요."

그해 6월 하 목사님께서 '예루살렘 평화대행진'을 8월에 진행한다고 선포하셨다. 나는 15년 전에 이미 그곳에 다녀온 적이 있고, 또한 가을에 남편의 퇴직 기념으로 유럽 여행을 계획했던 터라, 우리가 이 평화대행진에 참여할 수 있을 거라곤 미처 생각도 못했다. 그런데 남편이 "우리도 이스라엘에 가볼까?" 했다. 나는 깜짝 놀랐으나 이것이 하나님의 사인인 것을 직감했다. 정말 기뻤다. 더구나 6월 23일 사도행전 Q.T.를 하다가 에티오피아 내시가 빌립에게 전도를 받고, "…보라 물이 있으니 내가 세례를 받음에 무슨 거리낌이 있느냐"(행 8:36) 하면서 세례 받는 장면을 묵상했다.

남편이 이번 기회에 요단강에서 하 목사님의 집례로 세례를 받게 해달라는 기도가 절로 나왔다. 그런데 목양대회 때 하 목사님은 이번 평화대행진 때 갈릴리에서 10명에게 세례를 주겠다고 선포하셨다. 이 또한 내게 주시는 기도 응답인 것을 알았다. 남편은 세례 문답 때 "아직은 잘 모르지만, 예수님을 내 마음의 구주로 받아들이며 앞으로 예수님을 알아 가는 데 힘쓰겠다"고 고백했다. 많은 사람들의 축복과 기도 속에서 행해진 갈릴리 바다에서의 침례식은 '네가 곤고함을 겪은 만큼 너를 기쁘게 하리라'는 내게 주신 하나님의 약속의 선물이었다.

> "여호와께서 시온의 포로를 돌려보내실 때에 우리는 꿈꾸는 것 같았도다 그때에 우리 입에는 웃음이 가득하고 우리 혀에는 찬양이 찼었도다 그때에 뭇 나라 가운데서 말하기를 여호와께서 그들을 위하여 큰일을 행하셨다 하였도다 여호와께서 우리를 위하여 큰일을 행하셨으니 우리는 기쁘도다" 시 126:1-3

과연 하나님께서 우리 가정에 큰일을 행하셨다. 새 타이어를 끼우셨다. 남편은 과묵하여 표현력은 좀 떨어지는 편이다. 하지만 학생들을 좋아하고 가르치는 데에는 탁월한 능력을 지녔다. 지금도 졸업한 제자들이 찾아와 실력 있고 쉽게 잘 가르치는 수학 선생님이셨다고 말하곤 한다. 선교지에 나가 보니 선교사님들이 나보다 그들의 자녀교육 문제로 내 남편 같은 사람을 더 원하는 것을 보았다. 그래서 은퇴 후에는 우리 가정이 선교지로 나가 선교사 자녀들인 MK(Mission Kids)들을 가르치고 복음을 전하는 일을 하나님께서 하실 거라고 말하면, 남편이 은근히 좋아하는 눈치였다. 남편이 세례 받는 것을 보고 눈물을 흘리며 내 일처럼 기뻐해 주신 목사님, 장로님, 또 여러 지체들을 보며 주 안에서의 사랑이 무엇인지 깨달았고, 내가 사랑에 빚진 자임을 알게 되었다.

나부터
복음에
사로잡혀야 한다

복음은 선포되어야 한다. 숨겨 두는 것은 비밀이지 소식이 아니다. 말도 안 되는 논리로 자기들의 틀을 만들어 전하는 이단들이 있다. 그들이 성장하는 이유가 꾸준한 전도 시도 때문이라면, 참된 복음을 가진 그리스도인들이 전도하지 않음으로써 복음이 퇴색되는 것은 전적인 우리 그리스도인의 책임이다.

세상에는 이미 기독교에 대한 부정적인 시각이 만연해 있다. 그래서 그리스도인들이 구제와 봉사로 복음을 전해야 한다고 한다. 전혀 일리가 없는 말은 아니다. 내 삶을 통해서 저절로 전도가 된다면 더 바랄 것 없는 기쁨이겠지만, 내 삶으로는 누군가를 감동시키지 못한다는 것을 잘 안다. 그래서 전도지 등을 사용하여 의지적으로라도 전도할 필요가 있다. 환경과 직업 등을 백분 활용해서 전도할 때, 하나님 나라가 임한다.

그렇다면 복음은 누구에게 먼저 전해야 할까? 대개는 믿지 않는 사람이나 믿다가 실족한 사람들에게 전해야 한다고 생각한다. 그러나 아니다. 복음은 나 자신에게 가장 먼저 전해야 한다. 어느 목사님은 이렇게 말했다.

  "우리가 회심한 뒤에도 여전히 죄인이기에, 복음은 그리스
  도인이 하루도 빠짐없이 복용해야 할 약이다."

나부터 복음에 붙잡혀야 남을 전도할 수 있다. 복음은 소유하는 것보다 붙잡히는 것이 중요하다. 복음이 실제가 되려면 나 자신에게 가장 먼저 선포해야 한다. 그래야 복음이 살아 움직인다. 전도학교에서 전도 전문을 암송할 때 부담을 느끼는 분들이 있다. 암송의 부담에서 벗어나고 자유를 누리

는 길은 바로 '무한 반복'이다. 복음은 생명이다. 들을수록 힘이 나고 기쁘다. 나를 변화시킬 수 없다면, 그것은 복음이 아니다. 반복적으로 나 자신에게 들리도록 선포할 때 성령께서 역사하신다. 내 안에서 차고 넘쳐야 다른 사람에게로 흘러 들어간다.

학(學)이 습(習)이 되어야 한다. 습(習)이란 한자를 보면, 새끼 새가 제 어미의 날갯짓을 100번 넘게 반복해서 따라 함으로써 완전히 나는 걸 몸에 익히는 것을 의미한다. 이렇듯 복음도 몸에 익을 때까지 반복하는 것이 중요하다.

2015년 여름, 아들이 결혼을 하고, 며느리가 임신했다는 기쁜 소식까지 안겨 주었다. 그런데 얼마 뒤 며느리가 유산을 했고, 아들이 회사를 그만두었다는 소식이 들려왔다. '직장 구하기가 하늘의 별따기만큼이나 어려운데…' 하며 불길한 상상이 꼬리를 물며 내게 두려움으로 몰려왔다. 실직한 아들 가정의 경제까지 우리가 떠맡아야 하는 최악의 상황을 머릿속에 그리고 있었던 것이다. 겉으로는 "힘내. 주님이 인도해 주실 거야" 했지만, 마음 깊은 곳에서는 불안의 폭풍우가 몰아치고 있었다. 그때 매일 밥 먹듯 선포한 말씀이 나를 붙잡았다.

"평안을 너희에게 끼치노니 곧 나의 평안을 너희
에게 주노라 내가 너희에게 주는 것은 세상이 주
는 것과 같지 아니하니라 너희는 마음에 근심하
지도 말고 두려워하지도 말라"

요 14:27

"나는 너에게 어떤 존재니? 내가 죽었다가 다시 살아나서
너의 주인이 되었는데, 네가 나를 주님이라고 하면서 왜 네
가 아들의 가정사로 근심하고 두려워하니?" 하는 주님의 음
성이 들렸다. 나는 뒤통수를 세게 맞은 느낌이 들었다. 얼른
주님 앞에 엎드리며 나의 믿음 없음을 고백하고 회개했다.
하나님이 나를 구원하시기 위해 베푸신 놀라운 은혜의 선물
들을 믿음으로 받아들이는 것이 순종임을 깨달았다.

전도할 때 수많은 사람들이 "하나님은 내 아버지이십니다.
예수 그리스도는 나의 주님이십니다. 나의 구원자이십니다"
라고 고백하는 것을 보고 놀라움과 기쁨을 감추지 못한 내가
아니었던가? 이제 이 고백이 나의 고백이 되었다. 나는 오히
려 믿고 있다는 당연함과 익숙함에 빠져서 주님을 놓치고 있
었던 것이다. 이후 나는 예수 그리스도가 내 삶의 주인이심
을 날마다 선포했다.

"내가 내 몸을 쳐 복종하게 함은 내가 남에게 전파한 후에 자신이 도리어 버림을 당할까 두려워함이로다" 고전 9:27

그러자 평안이 내 마음 깊은 곳에 물밀듯 임했다. '내가 주는 것은 세상이 주는 것과 다른 평안이다'라는 예수님의 말씀이 믿어졌다. 평안이 곧 응답이다. 세상을 살아가기가 아무리 어려워도 복음에 깊이 뿌리를 내리고 있다면 더위가 와도 두려워하지 않고, 가무는 해에도 결실이 그치지 않으리라 믿는다.

펄펄 끓고 있는 물은 가두지 못한다. 주전자 밖으로 밀어내기에 뚜껑이 들썩거린다. 이처럼 복음이 우리 안에 살아서 움직이도록 선포할 때 복음은 멈출 수 없는 힘이 된다. 복음이 실제가 되려면 자신에게 먼저 선포해야 한다. 나의 자아가 주님과 함께 십자가에 못 박히고 주님과 함께 다시 사는 믿음을 고백해야 한다. 마음으로 믿고 입으로 시인할 때 구원에 이른다. 예수님이 곧 오실 것이다.

전도는
타이밍
이다

"우리 남편이 지금 혼수상태인데, 기도 좀 부탁할게."

중학교 때 절친했던 친구에게서 전화가 걸려 왔다. 절망이 묻어 나오는 음성이었다. 친구는 처음에 남편이 단순히 폐렴에 걸린 줄 알았단다. 그런데 뒤늦게 폐가 굳어지는 폐섬유화로 병명이 밝혀졌고, 15일째 수면치료를 받는데 깨어나지 않고 있다고 했다. 병원에서도 최선을 다해 보지만 마음의 준비도 하고 있으라고 했단다. 친구는 믿음생활을 하지만 그녀의 남편은 아직 예수님을 믿지 않는 것을 알았기에, 나는 병실에 가서 기도하겠다고 했다.

"중환자실에 있고, 와도 못 알아보니 괜히·헛수고하지 말고 있는 자리에서 기도나 해 줘."

친구는 미안해하며 말했지만 나는 그럴 수 없었다.

"의식이 없어도 귀는 다 열려 있으니 당장 면회 시간에 맞춰 갈게."

친구는 계속 미안해하면서도 고마워했다. 사실 나는 그때 급한 일이 있어서 갈 형편이 아니었다. 그러나 어떤 일보다 영혼을 구하는 일이 가장 중요하고 긴급한 일인 줄 경험했기에 지체할 수가 없었다.

나는 내 손윗 동서를 제대로 전도하지 못하고 하늘나라로 보낸 적이 있다. 그분은 시골에 살았는데, 평소에 지병을 앓고 있었다. 한 번씩 내려갈 때마다 복음을 전했지만, 피식 웃으며 "나는 안 된다"고 화제를 돌리곤 했다. 그러다가 어느 날 많이 아프다는 소식을 들었지만, 학교에 다니는 아이들 때문에 차일피일 미루다가 사망 소식을 접하게 되었다. 나는 마지막까지 한 번 더 복음을 전하지 못한 것이 두고두고 후회가 되었다. 그 일이 있은 후로 나는 누가 많이 아프다는 소식을 들으면, 만사를 제쳐 두고 달려간다.

친구의 남편은 평소에 시를 즐겨 썼다. 좋은 글을 쓰려면 성경을 읽어야 한다면서, 예수님을 믿지는 않지만 성경을 열심히 읽는다는 소리를 들었다. 남편이 발병하기 전 김소월의 '초혼'을 자기에게 읊어 주었는데, 그것이 마지막 작별을 예감한 행동이었던 것 같다며 친구는 안타까워했다. 나는 중학교 시절에 애송했던 소월의 '초혼'을 다시 한 번 찾아보고 중환자실을 노크했다. 산소호흡기로만 숨을 쉴 뿐, 듣던 대로 의식은 없었다.

"지혜 아빠, 들리시지요? 병이나 죽음이 지혜 아빠를 붙드는 것이 아니라, 하나님이 붙들고 계십니다… 산산이 부서진 이름이여! 허공 중에 헤어진 이름이여! 불러도 주인 없는 이름이여! 부르다가 내가 죽을 이름이여! 소월의 시를 읊으셨다지요? 그런데 예수님의 이름을 부르면 대답하십니다. 부르다가 내가 죽을 이름이 아닙니다. 죽음의 권세를 이기신 예수님을 부르면 하나님이 내 인생을 책임지십니다. 영원한 생명을 얻습니다. '누구든지 주의 이름을 부르는 자는 구원을 받으리라'(롬 10:13)고 말씀하셨습니다."

그는 아무런 반응이 없었지만, 나는 복음을 전하고 기도를 했다. 옆에서 친구는 연신 남편의 몸을 닦으면서 주님을 붙잡기를 간청했다. 내 마음에 평안이 있었다. 병실 밖에는 환자의 형님이 기다리고 있었다. 나는 그에게 다가가 말을 걸었다.

"우리가 환자를 위해 할 수 있는 것은 기도밖에 없지요."

"기도해서 동생이 나을 것 같으면 얼마든지 하지요. 그런데 기도한다고 낫는 것이 아니기에 안타까울 뿐입니다."

"육신의 생명도 소중하지만, 영혼의 생명이 더 중요합니다."

내가 이렇게 말하자, 그는 선뜻 자기 이야기를 꺼냈다.

"사실 군에 있을 때 교회에 열심히 나갔지요. 결혼해서 아내가 절에 다니기에 잊고 있었습니다."

그의 얘기를 들은 후 나는 짧게 복음을 전했다. 그는 동생의 영혼을 위해 기도하겠노라고 했다. 나는 몇 번 더 방문해서 기도하겠다고 친구와 약속했다. 또한 교회에 연락해서 목사님의 기도를 받도록 권유했다. 친구는 이제 마음이 평안해졌다면서, 사실 이 병원 위층에 큰오빠가 암으로 입원해 있다고 뒤늦게 말했다.

나는 중학교 시절부터 그 오빠와 올케 언니를 잘 알기에 만나고 싶었다. 친구는 올케가 불심이 깊어 전도해도 소용없다면서 말렸다. 나는 그것은 하나님께서 하시는 일이고 우리는 순종만 하면 된다고 하면서 병실로 올라갔다. 마침 휴게실에 오빠 내외가 앉아 있었다. 나를 보자 깜짝 놀라면서 하나도 안 변했다고 하며 나를 반겨 주었다. 옛날 그 시절 얘기를 하다가 나는 "나이 들면 내가 할 수 없는 일이 많다는 것을 알게 되지요?" 하면서 화제의 방향을 돌렸더니, 그렇다고 공감을 했다.

"인생은 아들로 사는 사람이 있고, 고아로 사는 사람이 있지요. 나를 지으신 분이 있다고 믿는 사람은 창조주의 아들로 살고, 창조주는 없다고, 나는 인정하지 않는다고 하는 사람은 우주의 고아로 삽니다. 내 부모가 계시듯 창조주 하나님은 계십니다."

내 말을 잠잠히 듣고 있던 친구의 큰오빠가 입을 열었다.

"절대자는 없지만 이 상황에서 믿고는 싶은 거지. 그런데 기독교는 하느님을 왜 하나님이라고 하는 거냐?"

오빠의 진지한 질문에 나는 "하나님은 유일하신 한 분 하나님이에요"라고 대답했다. 옆에서 말없이 지켜보던 올케 언니의 얼굴이 일그러지는 것을 감지한 오빠가 화장실을 다녀오겠다며 슬쩍 자리를 피했다. 남편이 사라지기가 무섭게 올케 언니가 속에 쌓아 둔 울분을 토해 냈다.

"난 우울증에 걸릴 것 같다. 자식과 남편 때문에 말이야. 자식이 사업한다고 해서 우리 집까지 다 팔아치웠지만, 결국 사업은 망했고, 남편은 8년째 암 투병을 하고 있으니 당신 같으면 이 상황에서 해답을 찾을 수 있겠나? 이런 이야기를 상담사에게 하면 상담사도 나한테 설득을 당한다"하면서 우울증에 걸릴 수밖에 없는 이유를 설명했다. 나는 정말 힘들겠다고 공감하면서 이렇게 말을 꺼냈다.

"곰팡이가 낀 곳은 아무리 닦아도 또 곰팡이가 생기지요. 그런데 빛이 비치면 곰팡이는 사라집니다. 내 안에 우울한 곰팡이가 끼어 있어도 생명의 빛이신 예수님이 내 안에 들어오시면 우울증이 사라지고 희망이 생기지요. 예수님을 믿는다는 것은 예수님 안에 있는 생명이 내 안에 들어온다는 뜻입니다. 그분이 들어오시면 새로운 인생을 살 수 있어요."

그때 언니가 갑자기 "내가 여태껏 길이 아닌 길을 다녔다. 헛살았다"하면서 우셨다. 때마침 화장실에 간 오빠가 우는 아내를 보고 얼른 자리에 앉았다. 나는 이때를 놓치지 않고 복음을 전했다.

"지금까지 무슨 종교를 믿었던지 상관없습니다. 오늘부터 생명의 빛이신 예수님을 구원자로 받아들이시면 이 가정에 하나님의 은혜가 임합니다."

그러자 두 분이 손을 포개면서 예수님을 영접하셨다. 나는 불과 몇 시간 안에 일어난 사건을 경험하며 놀라지 않을 수 없었다. 하나님께는 하나님의 타이밍이 있다. "'산물'이 없으면 '부산물'도 없다"는 말이 생각난다. 한 영혼의 구원을 위하여 달려가는 순종만 보이면, 하나님은 내가 생각지도 못한 사람까지 붙여 주신다. 내가 의도했던 산물보다 우연히 얻은 부산물의 기쁨까지 맛보게 해 주신다. 지금 친구의 남편과 오빠는 다 천국에 가셨다. 친구는 슬픔 가운데서도 내게 친정어머니를 전도해 달라고 부탁을 했다. 어머니는 103세 노령이지만 정정하시고 눈과 귀도 밝았다. 가족들이 어머니께 아들과 사위의 죽음을 나중에야 알려 드렸다고 했다. 친구의 어머니는 나를 보시더니 "두 자식이 살고 내가 죽어야 하는데 무슨 조화인지 모르겠다"고 하면서 우셨다. 나는 그들을 만날 수 있는 길이 있다고 하면서 복음을 전했다. 어머니는 내 손을 꼭 잡으시고 예수님을 믿겠다고 똑똑한 음성으로 영접하셨다.

친구 가정의 구원 역사를 보면서 마치 고구마를 캐면 고구마 줄기에 고구마가 주렁주렁 달려 나오는 것이 연상되었다. 내 친구는 인간관계가 좋아서 주변에 사람들이 많이 모여든다. 친구는 "요즈음 예배만 드리면 눈물이 나고 믿지 않는 친구들에게 전도하고 싶은 소원이 생긴다"고 했다. 나는 언제든지 전도에 도움이 필요하면 함께하겠다고 약속했다.

오늘도 나는 하나님의 타이밍에 민감한 자가 되기를 기도한다.

TPO에 맞는
전도의 옷을
입으라

전도는 주님의 지상명령이다. 그리스도인들은 대부분 그 당위성은 알지만 복음 전하는 일을 부담스러워한다. 가까운 사이일수록 관계가 깨질까 봐 입을 떼기가 두렵다. 또한 사회적 비판의 소리 때문에 직접 말로 전도하는 것은 역효과라는 부정적인 인식이 걸림돌이 되고 있다. 그러나 하나님께서는 어리석게 보이는 말씀 선포를 통해 믿는 사람들을 구원하기를 기뻐하신다(고전 1:21 참조).

온누리전도학교에서 활용하고 있는 '당신은 행복하십니까?'라는 5분 전도 툴(tool)은 현대인들에게 적합한 콘셉트로 만들어졌다. 사람들은 돈, 자녀교육, 건강, 취업 문제 등 불안과 걱정이 많다. 역설적으로 돈, 권력, 명예가 많고 높을수록 초조해한다. 인생의 근본 문제는 죄 때문이다. 복음을 듣지 못했기 때문에 문제가 생기는 것이다.

전도자는 시대를 읽는 안목이 있어야 한다. 우리는 옳고 그름의 표준이 없고, 자신이 옳고 좋다고 느끼는 대로 사는 것이 답이라고 여기는 시대에 살고 있다. 지금 이 시대는 개인의 취향대로 살면서 간섭하지 말자는 포스트모더니즘이 지배하고 있다. 이런 시대일수록 상대적으로 불안과 두려움이 많다. 그러기에 영적인 것을 더욱 갈망하는 사람이 많다는 것을 간과해서는 안 된다.

그리스도인들이 전도를 게을리 하면, 사람들은 다른 영적 세계에 심취하게 된다. 하나님의 대용품을 찾는 것이다. 요즈음 사주카페, 마음수련, 참선 등이 성행하는가 하면 스마트폰과 인터넷이 하나님의 자리를 차지하고 있다. 또한 과거와 달리 요즘엔 골치 아프고 복잡한 것은 듣지 않으려 한다. 그러나 우리는 기억해야 한다. 하나님의 대용품에 몰두하고 탐닉하는 것은 그 인생이 춥고 고독하고 마음이 고파서 무엇이

든 붙잡으려는 허전한 마음의 표현이라는 것을.

그래서 전도의 패러다임 전환이 필요하다. 그들의 마음을 읽고, 공감하고, 접촉점을 찾아 영적 필요를 채워 줘야 한다. 아무리 좋은 복음이어도 마음을 열지 않으면 5분은커녕 1분도 듣지 않기 때문이다.

전도보다 앞서 마음의 문을 여는 접촉점 찾기가 중요하다. 그들의 관심사를 알고 공통분모를 찾아 접근할 때 마음의 문이 열린다. 사람들은 자신의 속마음을 알아주기를 바라고 있다. 그 마음을 읽어 준다면 전도는 결코 어렵지 않다.

전도는 타이밍이다. 기쁠 때나 힘들 때, 그 순간을 놓치지 않고 다리를 놓아야 한다. 특히 아픔이나 슬픈 일을 당했을 때 사람은 마음이 가난해진다. 그때가 최적의 기회다.

병원을 다니면서 전도를 하다 보면 중증환자들이 병과 죽음을 묵상하는 경우를 많이 본다. 이때 "병이 선생님을 붙들고 있는 것이 아니라 하나님이 붙들고 계십니다"라고 말하면, 그들의 마음이 열린다. 전도는 어둠에서 빛으로 나오게 해 주는 것이다.

때때로 상대방의 속마음까지 읽어 주면 더욱 쉽게 마음을 연다. 교통사고나 산업재해로 장기 입원한 중년 남성들은 스포츠 중계를 시청하며 무료한 시간을 보내는 경우가 많다.

이들에게 "병이 선생님을 붙들고 있는 것이 아니라"고 운운한다면 "무슨 기분 나쁜 소릴 합니까?" 하면서 화를 내며 마음을 굳게 닫아 버릴 수 있다. 이때 "운동경기에 하프타임이 있듯이 인생에도 하프타임이 필요하지요. 이 병상이 하프타임인 것 같습니다" 하면서 그들이 좋아하는 운동경기에서 접촉점을 찾으면, 공감이 가서 마음을 여는 경우가 많다.

우리는 외출할 때, 때(Time)와 장소(Place)와 상황(Occasion), 즉 TPO에 어울리게 옷을 입고 나간다. 야구장이나 축구장에 갈 때는 모자와 티셔츠 등 간편한 옷차림을 한다. 그런가 하면 결혼식장에 갈 때에는 정장을 입고, 장례식장에 갈 때는 검정 옷이나 수수한 옷차림을 하고 가는 것이 예의다. 마찬가지로 전도도 TPO에 맞는 전도의 옷을 입어야 한다. 그래야 대화가 통하고 마음이 열린다.

뇌졸중, 치매 등으로 몸이 불편한 어르신들께는 "백만 원짜리 수표가 조금 구겨졌다고 만 원이 되지 않듯이, 늙고 병들었다고 해서 어르신의 존재 가치가 달라지지 않습니다" 하면서 세상의 관점과 하나님의 관점이 다름을 전한다. "너희가 늙어도 여전히 품에 안고 너희가 백발이 되어도 여전히 너희 편을 들어 주겠다"(사 46:4 참조)고 선포하면, 어르신들이 눈물을 흘리며 예수님을 받아들인다.

이처럼 상대방의 형편과 상황을 파악하고 그들의 눈높이에 맞추는 전도 접촉점을 찾는 것이 매우 중요하다.

전도! 이제는 패러다임을 전환해야 한다. 전도가 안 된다, 전도는 어렵다고 말하는 프레임에서 벗어나야 한다. 반드시 기다리는 영혼이 있다는 것을 기억하고 준비해야 한다. 한국 교회의 미래가 암울하다고 걱정만 하지 말고 하나님이 기뻐하시는 전도 접촉점을 찾아 복음을 전해야 한다. 그러면 한국 교회도 밝은 희망이 보일 것이다.

부담스럽지
않은
용어 선택

나는 전도 현장에서 상대방의 마음을 잘 읽고 공감하면, 분위기가 좋아지고 마음이 열리는 것을 많이 경험한다.

그런데 본론으로 들어가 복음을 전하다 보면 대상자의 얼굴에 불편한 기색이 보이기 시작할 때가 있다. 나는 그 낌새를 알아차리면 될 수 있는 대로 짧고 지루하지 않게 전하고자 노력한다. 그럼에도 불구하고 그가 몸이 좀 불편해서 오래 들을 수 없다고 변명하며 듣기를 부담스러워하면 나는 얼

른 멈추고 "힘들게 해서 죄송하다"고 사과를 한다. 그리고 화
제를 바꾸어 살아가는 이야기를 하면서 담소를 나눈다. 그러
다가 기회가 다시 엿보이면 복음으로 돌아가 전하고, 결국
그는 마지못해 믿겠다고 영접한다. 그러나 때로는 자기가 믿
고 있는 종교를 고수하며 잠깐 열었던 마음을 닫아 잠그기도
한다. 이렇게 전도를 하고 돌아오는 날에는 마음의 기쁨보다
불편함이 있고, 의문도 들었다.

'하나님은 우리를 사랑하시지만 우리 모두는 죄를 지었다.
그래서 사망에 이를 수밖에 없다. 그런데 예수님이 우리의
죗값을 치르기 위해 죽고 부활하신 것을 믿으면 지옥에서 고
통받지 않고 평안과 영생을 얻는다.'

내가 전한 복음은 한 치도 틀리지 않고, 완벽하다. 그런데
그들에게 공허하고 부담스럽게 들리는 이유는 무엇인가?

> "…내가 온 백성에게 미칠 큰 기쁨의 좋은 소식을
> 너희에게 전하노라" 눅 2:10

이 말씀에 따르면 복음은 모든 사람에게 기쁨이 될 소식이
라고 했다. 누구에게나 좋은 소식이어야 하는데 부담스럽게
들리는 이유는 무엇일까?

물론 '이분은 아직 심령이 가난할 만큼 절박하지 않았다', '때가 되지 않았다', '보이지 않는 영적 전쟁이 심하다', '전도자의 영적 준비가 부족했다' 등의 원인도 있다. 그러나 내가 전했던 복음이 온전하게 좋은 소식 같지는 않다는 생각이 들었다.

흔히 전도자들이 복음을 전할 때, "만일 오늘 밤 죽게 된다면 천국에 갈 확신이 있습니까?"라는 구원의 확신을 질문한다. '만일'이란 가정이 전제된 질문이지만 그들은 '죽음', '죄', '지옥', '회개', '영생'이란 단어들을 듣고 싶어 하지 않는다. 그들은 자신이 누구인지도 모르고, 어떻게 살아야 잘 사는 길인지도 모르지만 자신이 지옥에 갈 것이라는 생각도 하지 않을 뿐더러 관심도 없다. 오히려 죄인 취급당하는 것 같아서 기분 나빠하며, 마음을 닫아 버린다. 이런 사람들의 경우는 지금까지 "예수 믿어야 죽은 후 천국 간다"는 말을 그리스도인들에게 수없이 들어서 식상한데, 또 같은 소리를 하니 부담스러워하는 것이다.

그들은 사후보다 현실 문제에 관심이 많다. 자신이 처해 있는 문제에 대한 고민과 짐들이 많아서 미래의 일까지 생각해야 하는 것이 부담스러움을 전도자는 이해해야 한다. 예수님의 복음은 이런 사람들에게조차도 기쁨의 좋은 소식이 되어야 한다. 그렇다면 복음은 사후의 삶만이 아니라 현재의 삶을 다루어야 한다.

예수님은 영생을 이렇게 정의하셨다.

> "영생은 곧 유일하신 참 하나님과 그가 보내신 자 예수 그리스도를 아는 것이니이다" 요 17:3

하나님과의 친밀한 삶인 영생은 지금부터 시작되고 있으며, 우리가 이생에서 다음 삶으로 넘어갈 때도 계속된다. 영생은 미래에 대한 예측이 아니라 하나님께서 현재 우리에게 주시는 것에 대한 소식인 것이다.

"우리가 살면서 아무 문제도 없고 좋은 일만 계속된다면 좋을 텐데, 이런저런 문제로 어려움을 겪고 있지요. 우리 인생은 다 짐들이 있습니다. 부모로서의 짐, 부부로서의 짐, 경제의 짐, 병의 짐 등 무거운 짐들이지요" 하면서 '죄' 대신 '무거운 짐'으로 완곡하게 표현하면 그들은 공감하면서 경청하기 시작한다.

"내 인생의 짐이 무엇인지 아시는 분, 예수님이 그 짐을 내게로 가지고 오라고 초청하십니다. 성경은 '수고하고 무거운 짐 진 자들아 다 내게로 오라 내가 너희를 쉬게 하리라'(마

11:28)고 말씀합니다. 예수님이 평안과 쉼을 주실 수 있는 것은 나보다 더 큰 짐을 지신 분이기 때문입니다. 나보다 인생의 아픔을 더 경험하셨고, 더 외로우셨고, 더 절망하셨어요. 인간의 모든 죄악과 허무, 질병의 짐을 지고 십자가의 길을 가셨지요.

'너 혼자 짐을 지고 쩔쩔매면서 가지 마라. 내가 도와주겠다. 넌 혼자가 아니야. 온 우주의 창조자 되신 아버지가 있다. 이제 나와 함께 가자!'

예수님이 이렇게 말씀하십니다.

그리스도인이 된다는 것은 현재 우리가 하나님과 함께 살 수 있다는 것이고, 그것은 우리에게 가능한 최선의 삶입니다. 우리는 혼자 무거운 짐을 지고 살 필요가 없어요. 예수님은 '방향을 돌이켜 하나님의 삶으로 들어오면 된다. 이제 나와 함께 사는 삶에 너를 초청한다'라고 말씀하십니다. 우리가 초청을 받아들이고 예수님의 말씀이 진리라고 믿고 따를 때, 과거의 죄와 미래에 대한 두려움에서 자유로워지며 현재의 삶도 만족과 기쁨, 사랑과 능력을 받게 되는 거죠."

나는 이렇게 말하면서 영생은 사후의 삶만이 아니라 현재 내가 짊어지고 있는 짐을 벗겨 주시는 예수님이 초대하시는 거라고 전할 때, 그들이 믿음을 실질적 내용으로 가깝게 느끼며 받아들이는 것을 많이 경험했다.

전도는 천국이 죽어서 가는 것뿐 아니라 지금도 임했고, 예수 그리스도를 믿음으로써 그 천국의 임재를 누릴 수 있다고 선포하는 것이다. 그러기 위해서는 우리 자신이 늘 좋은 소식이어야 한다. 즉 우리 자신이 하나님의 임재와 능력과 사랑 안에 머물러 있어야 한다. 우리가 믿음과 사랑과 능력을 체험할 때, 우리의 삶은 주변 사람들에게 부담스러운 소식이 아니라 좋은 소식이 된다.

장독을 들추면 그 아래에 숨어 있던 벌레가 빛을 피해 얼른 도망가 버린다. 마찬가지로 어둠에 갇혀 살던 자에게 갑자기 강렬한 빛을 비추면 도망간다. 그러므로 때론 '죄인'이란 단어보다 '무거운 짐'이란 단어로 서서히 비추면서 복음을 전할 때 많은 사람이 기쁜 소식으로 받아들일 수 있다. 우리 인생은 수고하고 무거운 짐을 누구나 지고 있기 때문이다. 이제 부담스러운 복음이 아니라 모든 사람에게 해당되는, 현재부터 영원까지 이르는 기쁜 소식을 전하자.

데자뷔
와
뷔자데

심리학에 데자뷔(Deja-vu) 현상이란 용어가 있다. 처음 해보는 일이나 처음 보는 대상, 장소 따위가 낯설게 느껴지지 않는 현상을 말한다. 낯선 것임에도 불구하고 언젠가 본 적이 있는 것처럼, 어디선가 경험해 본 것처럼 느껴지는 것이다.

나는 전도할 때 이 데자뷔 현상을 종종 경험한다. 나이·성별·직업·성격도 천차만별이니만큼, 전도 대상자들에게 어떻게 다가갈까 고민을 많이 한다. 책을 읽다가 전도하기에 좋은 글을 발견하면 그냥 지나치지 않는다. '이 말은 이런 경우에 있는 사람에게 하면 마음을 얻겠구나' 싶어 메모를 해둔다. 목사님의 설교도 그냥 흘려듣지 않는다. 한 주 동안 묵상하고 전도할 때 필요한 말씀들을 끄집어내서 내 것으로 만든다. TV나 주변 사람들의 언어 속에서도 전도 접촉점을 찾으려고 애를 쓴다.

그런데 놀라운 건 내가 처음 만나 전도하려는 대상자가 최근에 메모해 둔 상황들과 흡사할 때가 종종 있다는 것이다. 전혀 낯설지 않을 뿐만 아니라 마치 친한 사람처럼 느껴져서 다가가면, 공감을 하고 마음을 쉽게 여는 것을 여러 차례 경험했다.

한번은 남편의 지인과 대화할 기회가 있었다. 내가 권면하는 복음을 듣고, 그는 차분한 어조로 이렇게 말했다.

"저 같은 사람이 하나님이나 교회에 무슨 도움이 되겠습니까? 이젠 나이만 많고 가진 것도 없어서 도움은커녕 민폐만 끼치게 될 걸요."

그 순간 나는 전 주일 예배시간에 들은 이재훈 담임목사님의 '여호와께서 원하시는 것'(미 6:6-8)이란 제목의 설교 말씀이 떠올랐다. 'Do vs Done'에 관한 내용이었다. 나는 그의 마음을 받아 계속 대화를 이어 갔다.

"하나님을 도와 드리는 것이 아니라 하나님의 도움을 구하는 것입니다. 나이가 드니까 젊었을 때와는 달리 우리가 할 수 없는 것이 더 많지요? 대부분의 종교는 'Do! 무엇을 하라, 그러면 신이 용납할 것이다'라고 말합니다. 그러나 하나님은 'Done! 다 이루었다'라고 말씀하시지요. 따라서 기독교 신앙은 '하나님에게 무엇을 해야 하는 게 아니라, 이미 그분이 다 이루어 놓으신 것을 그대로 믿고 감사함으로 받아들이는 것'입니다. 하나님이 원하시는 것은 헌금이나 봉사가 아니라, 바로 '나 자신'입니다" 하면서 우리가 그분의 도움을 구할 때, 오히려 하나님이 더 기뻐하신다는 걸 말씀드렸다. 그는 자신이 그동안 갖고 있던 기독교에 대한 인식의 틀을 바꾸게 됐다면서, 진지하게 고려해 보겠다고 했다.

> "사람은 그 입의 대답으로 말미암아 기쁨을 얻나니
> 때에 맞는 말이 얼마나 아름다운고" 잠 15:23

　성령 하나님은 내 안에 넣어둔 것을 생각나게 하시고, 때에 따라 맞는 말을 할 수 있도록 그와 같은 사람을 보내시는 것 같다. 낯선 것 같으나 익숙한 말씀을 하게 하시는 데자뷔 하나님이시다.

데자뷔의 반대되는 개념으로 뷔자데(Vuja-de)란 용어가 있다. 늘 접하는 익숙한 상황이지만 처음 접하는 것처럼 낯설게 느껴지는 것을 말한다. 익숙한 세계를 낯선 시각으로 보고 받아들이는 현상이다. 오래 신앙생활을 해 온 그리스도인은 하나님 말씀을 대할 때, 익숙함에 젖어 있기 쉽다. 그래서 '다 안다' 병을 경계해야 한다. 이때 말씀을 '낯설게 보는' 접근이 필요하다. 마치 오늘이 난생 처음인 듯 뷔자데의 자세로 주님의 말씀을 대한다면, 새로운 눈이 열릴 것이다. 설렘과 감탄, 기대감으로 하루를 새롭게 시작할 수 있다. 사과가 나무에서 떨어지는 것은 인류 역사가 시작된 이래 늘 있어 왔던 일이지만, 그것에서 '만유인력'이란 법칙을 이끌어 낸 이는 아이작 뉴턴이었다. 누구나 아는 한 가지 현상에서 전혀 새로운 것을 발견하는 통찰력은 익숙한 것을 낯설게 바라보는 시각에서 나온다.

하나님의 말씀을 대하는 태도뿐만 아니라, 사람을 대할 때도 마찬가지다. 사람에겐 자기 나이만큼 키워 온 개 두 마리가 있다고 한다. 그 개 이름은 '편견'과 '선입견'이다. 이것을 내쫓지 않으면 고정관념 속에 매여서 타인의 영혼을 바로 보기가 어렵다. 전도의 길이 막힐 수도 있다. 사람을 겉모습으로 판단하거나 규정 짓지 말고, 하나님의 형상인 원래의 모습이 회복될 것을 믿음으로 바라보는 시각이 중요하다. '저 사람은 안 돼'가 아니라, '저 사람은 하나님의 거룩한 모습으로 변화될 사람이야' 하고 관점을 바꾸면 분명 하나님은 그 영혼을 새롭게 하실 것이다.

전도할 때 '데자뷔'와 '뷔자데' 두 가지 관점을 갖는 것이 필요하다. 내 안에 경우에 합당한 말들을 많이 담아 놓고, 익숙하지 않고 어색한 상황에서도 자연스럽고 친밀하게 복음으로 다가갈 수 있는 데자뷔의 관점은 대단히 중요하다. 또한 익숙한 것과 결별하고 만물을 새롭게 하시는 주님의 시각으로 매순간 매 현상을 마치 처음인 양 낯설게 바라봄으로써, 다양한 방식으로 당신의 피조 세계를 운행해 가시는 하나님을 경험하는 것이 그리스도인의 특권이자 임무이다.

고정관념은
고장 난
관념이다

사람들은 그냥 보는 것 같지만 모두 틀을 갖고 본다. 아인슈타인은 "기적은 없다고 믿는 삶과 모든 삶은 기적이라고 믿는 삶이 있다"고 말했다. 나는 후자의 삶을 선택했다. 기적은 없는 것인가? 아니면 믿지 않아 못 본 것인가?

전도도 마찬가지다. 어렵다고 생각하면 시작하기도 힘들다. 못할 수밖에 없는 구실만 찾게 된다. 전도하려면 먼저 고정관념부터 깨야 한다. 새가 알을 깨고 나오듯 전도에 대한 고정관념을 깨야 새로운 세계로 나아갈 수 있다. 고정관념은 고장 난 관념을 의미한다. '당연하다'는 생각의 틀이 굳어지면 고장 난 관념이 된다. 고정관념을 깨려면 생각을 바꿔야 한다.

전도는 가장 먼저, 복음이면 충분하다는 생각을 가져야 한다. 이 세상의 해답은 오직 예수님이기 때문이다. 그리고 반드시 나를 기다리는 사람이 있다는 생각을 해야 한다.

"…눈을 들어 밭을 보라 희어져 추수하게 되었도다"

요 4:35

이 말씀처럼 무르익은 곡식들이 낫을 기다리고 있고, 그것을 생각하면 행복하다. 전도하면 기쁨이 있고, 쓸데없는 고민을 할 시간이 없기에 행복해진다. 전도에 대한 고정관념을 탈피하면 길이 열리고, 보이지 않던 것들이 보이기 시작한다.

공동체 가족의 문상을 갔다가 그곳에서 김혜정 집사님을 만났다. 평소 영혼에 대한 열정을 가진 집사님이다. 나를 보더니 전도를 부탁하고 싶은 마음이 들었다고 하면서 내게 뜻밖의 전도 요청을 해왔다. 언니의 시어머니께서 허리 수술 이후 일어나지 못하고 계속 병원에 입원해 계셔서 많이 쇠약해진 상태라고 했다. 호랑이 할머니로 불릴 만큼 무섭고 자기주장이 강한 분이라서 자녀들이 감히 가까이하기를 어려워한다고 했다. 그런데 경제적인 여유가 있어서 친구들과 어울려 놀러 다니기를 즐기고, 불교신자로 부적을 좋아해서 집안 곳곳에 붙이고 넣어 둔다고 했다. 이런 어르신이 병상에 오래 계시니 마음대로 할 수 없어 답답하고 식사도 잘 드시지 않아 약간의 우울증이 온 것 같다고 했다.

김 집사님의 언니는 교회를 다니지만 "우리 시어머님 고집은 누구도 못 꺾는다" 하면서 전도를 포기했다. 그러나 동생인 김 집사님이 병문안을 갈 때마다 하나님이 그 영혼에 대한 긍휼한 마음과 부담감을 주셔서 견딜 수가 없었단다. 가끔 예수님을 전하려고 몇 마디 말을 꺼내면 할머니의 얼굴이 굳어지고 거부하는 표정이 역력하여 감히 말할 수가 없었다고 한다.

나는 이런 자기주장이 강하고 고집이 센 어르신에게 어떻게 다가가야 할지 고민하며 기도했다. 그리고 며칠 뒤 김 집사님과 함께 호랑이 할머니를 찾아갔다. 요양병원에 입원하신 할머니는 간병인의 도움을 받아 아침 목욕을 끝내고 기분이 상쾌한 듯했다. 음식도 잘 드시지 못하는 것을 알고 집사님이 떠먹는 요거트를 사 갔다. "할머니, 저 혜주 엄마예요.

아시겠어요?" 어르신은 집사님을 못 알아보셨다. 집사님이 얼른 요거트를 꺼내 먹여 드렸더니 맛있게 드셨다. 할머니의 코가 동그스름하고 복스럽게 보였다. 나는 "어르신 코가 복코예요. 정말 잘 생겼어요" 하며 다가갔다. 할머니는 코를 만지며 좋아하셨다.

"요즘 무슨 생각을 많이 하세요?"

"빨리 죽었으면 좋겠어."

"인생은 생로병사라 죽는 것도 어렵지요? 그런데 좋은 데 가고 싶으시죠?"

"마음은 그렇지만 잘못한 것이 많아서 갈 수가 없어."

나는 솔직하고 정직한 분이라고 칭찬해 드린 후, 복음을 전했다. 어르신은 기다렸다는 듯이 복음을 스펀지처럼 받아들이셨다. 영접기도를 따라 하시고, 준비해 간 요한복음 3장 16절 말씀도 다 읽으셨다. 다시금 복음을 재확인해 보니 예수님이 자신의 마음에 계신다고 하면서 가슴을 어루만지셨다. 아직 믿지 않는 자녀들에게도 예수 믿고 천국에서 만나자고 말하겠다 하셨다. 그제야 옆에 서 있는 집사님을 알아보시고 "고맙소" 하며 눈물을 흘리셨다. 두 사람은 부둥켜안고 한참을 울었다. 우리는 어르신 손을 잡고 축복송을 불러 드렸다. 생명의 빛이 들어가니 혼미해진 영이 사라지고 영혼이 뜨겁게 하나님께 반응하는 것을 느낄 수 있었다.

'안 된다', '어렵다'라는 우리의 고정관념과 선입견이 전도를 방해하지 못하도록 하자. 요청자의 끊임없는 영혼에 대한 사랑과 기도가 하나님의 마음과 합해져서 주님이 행하실 것이다. 복음이면 충분하다.

가족
전도가
부담스러워

"오직 성령이 너희에게 임하시면 너희가 권능을
받고 예루살렘과 온 유대와 사마리아와 땅 끝까지
이르러 내 증인이 되리라 하시니라" 행 1:8

연못에 돌을 던지면 물결이 동그랗게 파문을 그리며 퍼져
나간다. 복음은 초대교회 때 예루살렘에서 시작하여 온 유대
와 사마리아와 땅 끝까지 퍼져 나갔다.

오늘날 전도도 나와 가장 가까운 관계인 부모, 형제, 자녀들로부터 시작해서 친척, 친구, 이웃과 동료, 지인, 생면부지의 사람들에게로 전하는 것이 가장 바람직하다. 그러나 현실적으로는 이런 단계별 전도가 어렵다. 가장 가까운 이들인 가족전도가 제일 부담스럽고 난감하다. 왜 그럴까? 그것은 서로를 잘 알기 때문이다. 가족들의 가치관과 성향을 익히 알기에 어려운 것이다. 그런가 하면 가족들이 나의 비리(?)를 잘 알기에 '나를 보고 어떻게 믿을 수 있겠어?' 하며 위축되는 경우도 있다.

친구나 동료들에게 감히 전도를 시도하지 못하는 것도 자칫 지금까지의 관계가 서먹해지거나 깨질 것 같은 두려움 때문이다. 그래서 전도 훈련을 받으러 오는 분들 중 대부분은 이런 고민을 안고 온다. 전도하고 싶은 간절한 열망과 사명은 있지만, 가까운 사람들은 피한 채 전혀 모르는 사람들부터 전도하러 나간다.

나의 경우도 그랬다. 무늬만 그리스도인이었을 땐 전도를 안 해도 괜찮았지만 예수님을 인격적으로 만난 후엔 달랐다. 내가 만난 예수님을 전하고 싶은 열망이 나를 가만히 있지 못하게 했다. 친구나 이웃에게 전도할까도 생각했지만 "자기 남편도 전도하지 못하는 주제에" 할 것 같아 용기가 나지 않왔다. 그래서 찾은 것이 나를 전혀 모르는 생면부지의 사람들이 모인 국군 통합 병원이었다. 그곳엔 군 복무 중에 다치거나 아픈 군인들이 입원해 있었다.

매주 전도하는 팀이 있어서 합류했다. 이 전도 팀은 초코파이를 나눠 주면서 복음을 전했다. 오래전부터 이 병원에 다닌 전도 팀은 얼굴을 마주보며 능수능란하게 전했다. 결신률이 아주 높았고, 한번 생각해 보겠다며 호감을 갖는 청년들도 있었다. 심하게 다쳐 아파하는 청년들일수록 간절하게 예수님을 구주로 영접했다. 그야말로 황금어장이었다.

나는 처음에는 전도를 잘 못해서 선배 전도자를 따라다니며 옆에서 보고 배웠다. 그리고 얼마 되지 않아 병상을 돌아다니며 혼자 전했다. 내 아들들 같아 엄마의 마음으로 위로하며 복음을 전했더니, 귀 기울여 듣고 질문도 했다. 매주 찾아갔더니 서로 가까워졌다. 이렇게 전도를 하다 보니 사람들이 두렵지 않았고, 전도의 근육이 조금씩 붙고 있었다.

그러나 내가 열심히 신앙생활을 할수록 남편은 요지부동이었다. 아니, 오히려 내 앞에서 기독교에 대해 마구 비판을 쏟아 내기까지 했다. 나는 이것을 핍박이라 여겼고 힘들어도 참고 이겨 내야만 한다고 생각했다. 기회가 있을 때마다 교회와 예수님을 변호하려고 애썼다. 그럴수록 관계가 악화되었다.

그런데 내가 남편의 마음을 읽게 된 사건이 있었다.

교회 집사님과 전화 통화를 하던 중에 남편이 퇴근해서 돌아왔다. 나는 통화하느라 조금 지체한 후 남편을 맞이했다. 남편은 '교회에 다니는 사람들은 자기들끼리는 잘 통하지만 남편은 안중에도 없구나'라는 느낌을 받고는 마음에 담아두었다가 친정 형제들 모임에서 토로했다. 나는 부끄럽고 속상했지만 그간 남편이 기독교를 비판했던 것은, 기독교에 대한 반감보다는 내가 자신을 무시한다는 것에 대한 반발이었음을 깨닫게 되었다. 나는 무시한 적은 없었지만 남편을 존중하는 데는 소홀했다.

가장 가까운 가족들은 말이 아닌 느낌으로 안다. 전도자에게 필수 요소는 '하나님 존중과 인간 존중'이다. 남녀노소를 불문하고 자기를 존중하며 인정해 주는 사람에겐 함부로 말하지 않는다. 나는 그 후로 '당신을 존중해요'라는 느낌을 받도록 의식적으로 노력했다. 그리고 실수를 하면 변명하지 않고, "미안해요"라고 솔직하게 고백했다. 그후 남편은 자연스럽게 기독교에 대해 비판을 하지 않게 되었고, 관계가 호전되었다.

가족의 영혼 구원을 위해서는 관계가 좋아야 한다. 인품이나 성격에 관계없이 그들을 존중하고 인정해 주면 마음을 얻

75

는다. 굴종이 아니라 주님이 주시는 마음으로 내 권리를 포
기하면 변화된다.

가족과의 관계가 좋아도 가족이라서 복음을 전하기가 어
려울 수 있다. 그럴 때는 다른 전도자에게 부탁해도 좋다. 가
족들의 말은 귀에 들어오지 않아도, 제삼자의 말에는 의외로
마음을 여는 경우가 많기 때문이다.

무엇보다 헌신과 사랑으로 가족을 섬기고 기다리면, 때가
되면 반드시 열매를 맺는다.

> "주 예수를 믿으라 그리하면 너와 네 집이 구원을
> 받으리라" 행 16:31

이 말씀은 여전히 진리이기 때문이다.

전도는
먼저
말 걸기다

　나는 다리에 쥐가 자주 나는 편이다. 어느 날 걷기 운동을
많이 하라는 주위 사람들의 충고를 받고 집 앞에 있는 근린
공원을 돌기로 했다. 이왕이면 운동도 하고 전도도 해야겠
다는 마음이 들었다. 나는 나가기 전에 "공원을 돌 때 전도할
사람을 만나게 해 주세요"라고 기도했다. 초겨울이지만 햇볕
이 내리쬐는 오후의 공원엔 제법 많은 사람들이 운동을 하고
있었다. 나와 반대편에서 50대 중반쯤으로 보이는 한 여성이

걸어오고 있었다. 왠지 말을 걸고 싶었다. 나는 "그쪽으로 걸으면 더 좋아요?" 하고 생뚱맞게 말을 걸었다. 그녀는 기다렸다는 듯이 "그냥 걷다 보니 그렇게 되었어요. 같이 걸을까요?" 하면서 얼른 방향을 바꾸더니 나와 함께 걷기 시작했다.

그녀는 태어난 곳이 나와 같았다. 동질감이 있어서 나는 가까이 다가갈 수 있었다. 그녀는 봄에 유방암 수술을 받았고 지금은 항암치료까지 다 마친 상태라며 자신의 이야기를 털어놓았다. 몸을 잘 관리하지 못한 자신의 탓으로 돌릴 뿐, 현실을 있는 그대로 받아들이며 감사한 마음으로 살아간다고 했다.

그녀는 대장암으로 세상을 떠난 남편과 사별한 후, 40대 후반부터 두 딸을 혼자서 키웠다. 작은딸은 미국에서 취업해 살고 있고, 결혼한 큰딸의 손자, 손녀를 키워 주며 함께 살고 있다고 했다. 그녀는 어려운 길을 걸어왔으면서도 무척 밝고 긍정적인 사람이었다.

"평소에 유튜브를 즐겨 들어요. 법정 스님, 장경동 목사님, 이상구 박사님 등의 강의를 들으며 좋은 것만 받아들이면서 행복하게 사는 게 제 인생관이에요." 그녀는 인상 깊게 청취한 강의 내용들을 요약해서 종종 내게 이야기해 주었다. 나는 "그런 강의가 우리에게 유익한 점이 많겠네요"라면서 공감을 해주었다. 우리는 매일 만나 공원을 걸으면서 대화를 나누었다. 나를 "형님"이라고 부르면서 그녀는 자주 유튜브 강의 내용을 듣고 떠오른 자신의 생각을 삶 속에 적용한 이야기를 들려주었다. 그렇게 명사들의 강의 내용을 자기 일상에서 적용, 실천하다 보면 절로 치유가 되는 걸 경험한다고 했다.

그러면서 그녀도 내가 그리스도인인 줄 자연스럽게 알게 되었다. 교회 다니는 사람들이 대체로 자기 종교만 옳다고 주장하는데, 형님은 그렇지 않아서 좋다고도 했다. 나는 그녀를 기다려 주었다. 그녀는 유튜브 강의를 늘 주요 화제로 삼았다. 어느 날 내가 "좋은 말씀도 좋지만 생명을 살리는 말씀이 더 중요하지 않을까요?" 하면서 살짝 복음을 전하려고 했더니, 자신도 과거에 교회에 나갔다고 했다. "하나님을 믿지는 않지만 나는 내 양심껏 올바르게 살았다고 자부하기 때문에, 천국에 들어가지 않을까요?" 하는 그녀의 말에 나는 이렇게 이야기했다.

"충분히 그렇게 생각할 수 있겠네요. 그런데 우리 집에 망나니 같은 자식이 있다고 생각해 봐요. 그 아이는 밤 12시 또는 새벽 2-3시가 넘어서도 자기 마음대로 우리 집에 들어올 수 있어요. 그렇지만 옆집에 아주 착하고 모범생인 아이가 있어요. 그럴지라도 그 아이는 우리 집에 마음대로 들어올 수 없지요. 한밤중이나 새벽에 들어오려 하다가는 도둑으로 몰려 몽둥이로 맞을지 모릅니다. 그 아이는 내 자식이 아니기 때문이지요. 내 자식이 아무리 망나니 같은 행동을 해도 우리 집에 아무 때나 들어올 수 있고 내 유산도 그 아이가 다 받습니다. 그것은 내 자식이기 때문이지요. 이처럼 천국은 바른 양심의 소유자가 가는 곳이 아니라 하나님의 자녀가 가는 곳입니다. 하나님과 생명의 관계이기 때문입니다."

낮은 음성으로 진지하게 전하는 나의 말에 그녀는 충격을 받은 듯했다. 자기 집에 와서 어떻게 하면 생명의 관계가 되는지 자세히 설명해 달라고 했다. 나는 5분 전도 '당신은 행복하십니까?'를 도표로 그려 가면서 차근차근 풀어 주었다. 그녀는 예수님을 진심으로 영접한다고 했다. 지금까지 이렇게 알기 쉽게 설명해 주는 사람이 없었다고 하면서 당장 교회에 나가겠다고 했다. 남편이 투병생활 할 때, 누군가 전도를 해서 남편도 교회에 출석했고 돌아가신 후에는 교회에서 장례 집례까지 해주었다는 사실을 고백했다. 남편을 잃은 후론 살기 바빠서 교회에 나가지 못했다고 했다. 그녀는 즉시 행동으로 옮겼다. 집 가까운 교회에 등록을 하고 신앙생활을 시작했다.

그러나 그녀는 목사님 설교 말씀에 은혜 받은 것을 이야기하면서도, 유튜브에서 들은 스님 강의도 곧잘 말하곤 했다. 그러기를 6개월쯤 지나 그녀는 가족들과 구역식구들의 축하를 받으며 세례를 받았다. 놀라운 사실은 세례를 받은 후부터는 스님 강의를 일절 듣지 않는다고 했다. 그녀는 "성경말씀이 정말 진리인 것이 믿어지고 더욱 알고 싶어져요. 좋은 강의보다 생명의 말씀이 더 중요하게 생각돼요"라고 했다.

철야예배에 참석해서 기도하는데, 자신도 모르게 눈물이 나오며 예수님이 나를 사랑하시는 것을 느낀다고 했다. 나는 세례 받는 것이 정말 중요한 것임을 새삼 알게 되었고, 전도한 후 세례까지 받을 수 있게 안내해 주는 것이 전도자의 할 일임을 깨달았다.

어느 날 그녀가 남편의 기일과 관련해서 내게 상의를 해왔다. 지금까지는 제사를 지냈지만 올해부터는 추도예배로 바꾸고 싶다고 말했다. 추도예배 양식지를 받기는 했지만, 미국에 있는 작은딸도 오는데 왠지 걱정이 된다고 했다. 나는 믿지 않는 자녀들을 전도할 수 있는 기회를 놓칠 수 없었다. 추도예배를 처음 드리는 것이니까 내가 도와줘도 되는지 물었다. 그랬더니 기다렸다는 듯이 고마워하며 흔쾌히 허락했다. 두 딸과 사위, 손녀, 손자가 다 모여 추도예배를 드렸다. 왜 제사가 예배로 바뀌어야 하는지 말씀하며 복음을 전했다. 가족들이 고인과의 추억들을 한 마디씩 나누는 시간도 가졌다. 그녀의 사위는 자기도 어렸을 적에 교회에 나갔고, 부친도 신앙생활을 잠시 하셨다고 했다. 지금은 자신도 바쁘게 직장생활을 하다 보니 생각 없이 살았다고 하면서 오늘을 계기로 예수님을 믿겠다고 했다. 작은딸도 미국에 가면 교회에 나가겠다고 했다.

전도! 말을 먼저 걸었더니, 이런 놀라운 일이 일어났다. 전도는 성령님이 100% 이끌어 주신다. 사람들은 자기에게 말을 걸어오는 사람을 오늘도 기다리고 있다.

예수!
우리의
필요충분조건

수학 용어에 필요충분조건이라는 것이 있다.

'A이면 B이다.'

'B이면 A이다.'

이 두 개의 명제가 모두 참이라고 할 때, A는 B이기 위한 충분조건이 되고, 거꾸로 B는 A이기 위한 필요조건이 된다. 이때 B는 A의, A는 B의 필요충분조건이 되는 것이다.

'예수님 한 분으로 충분합니다.'

이 명제는 우리가 반드시 기억해야 할 복음의 진수이다. "예수님만이 내 인생의 전부이며 유일한 해답"이라는 고백이 있어야 바른 신앙생활을 할 수 있고, 전도도 할 수 있다. 사람을 보고 세상을 볼 땐 만족함이 없다. 그러나 천지를 지으신 하나님께서 항상 나를 사랑하시기에, 나의 하나님 한 분만으로 나는 만족한다. 1970년대 유행하던 복음성가 가사처럼 세상과 나 자신을 보면 불충분한 것투성이지만, 나를 조건 없이 받아 주시고 사랑하시는 하나님을 바라보면 뭐 하나 부족한 게 없이 충분하다.

그런데 '예수님이면 충분하다'(Jesus is enough)는 답이 성립되려면, 먼저 '예수님이 필요하다'(I need Jesus)는 사실을 인정해야 한다. 예수님이 필요하다는 걸 시인하는 것은 바로 자신의 결핍을 아는 것이다. 내 힘과 능력으로 할 수 없다고 고백할 때, 비로소 주님은 내 삶의 주인으로 오셔서 "예수님 한 분으로 충분하다"는 고백이 날마다 터져 나올 수 있게 우리를 도우신다.

병실에서 74세 어르신을 만났다. 눈이 퀭하게 들어가 있고 인상이 날카로워 보여서 선뜻 말을 걸기가 어려웠다. 나는 "오후 2시에 있는 예배를 안내해 드리러 왔다"고 말하며 주보를 드렸다.

"나는 내 아내 때문에 교회에 안 나가요."

그의 단호한 답변에 나는 짐짓 놀랐으나 그분의 다음 이야기에 귀를 기울였다. 어르신은 아내와 말이 통하지 않아 견딜 수 없다고 했다. 자신이 먹고 싶은 것을 말하면, 아내는 무조건 못한다고 하면서 화를 낸다는 것이다.

"사람은 나이가 들면 명령하는 것을 싫어하지요. 먼저 아내에게 칭찬을 하고 부탁조로 제안을 해보면 어떨까요?"

"나는 명령을 하지 않아요. 나도 대학교수로 재직했고, 인간으로서 어떻게 해야 한다는 것쯤은 압니다. 그러나 부탁조로 말해도 아내는 무조건 못한다고 그래요. 아파서 병원에 입원해 있어도 면회 한 번 오지 않고 관심도 없어요. 나도 할 수만 있다면, 저 병상의 환자처럼 다른 여인을 만나 인생을 새로 시작해 보고 싶어요."

이렇게 말하면서 어르신은 맞은편 병상에 누워 있는 환자를 가리켰다. "저분은 재혼해서 잘 살고 있고, 아내가 자주 병원에 찾아온다"고 했다. 나는 약간 어처구니가 없어서 대화를 중단하고 다른 병실로 갈까 생각했다. 그런데 '나 좀 도와주구려' 하는 어르신의 눈빛을 읽고 차마 돌아설 수 없었다.

"선생님은 아내와 마음이 통하면서 행복하게 살고 싶으신 거죠?"

"그거야 당연하지만, 내 아내와는 말이 안 통해 희망이 없어요."

"아내 분이 그런 것은 마음이 많이 꼬여 있기 때문이지요?"

"그래요. 그 사람은 마음이 꼬여 있어요. 젊었을 때부터 그랬어요."

"그만큼 쌓인 것이 많다는 뜻도 되겠네요. 하나님께서는 우리를 서로 사랑하고 교제하며 행복하게 살도록 창조하셨어요. 그런데 사람이 하나님께 불순종함으로 죄를 지었고, 그 결과 하나님을 떠나게 되면서 하나님과의 관계가 깨어졌습니다. 그래서 가장 가까운 부부끼리도 불신하고 미워하고 원망하지요. 그래서 스트레스가 쌓여 질병까지 오는 거고요. 몸의 병은 곧 마음에 병이 왔다는 걸 의미하지요."

어르신의 반응을 살피면서 나는 천천히 복음을 전했다.

"저나 선생님이나 사모님이나, 우리 모두는 예수님이 필요한 죄인입니다. 예수님 한 분이면 충분합니다."

어느덧 이분은 내가 전하는 복음에 공감하면서 연신 눈물을 흘렸다. 그러면서 자신이 죄인임을 인정했고, 예수님을 주님으로 영접했다. 환자 사물함 위에는 응당 있을 법한 티슈 하나, 음료 한 병이 없었다. 어르신의 하소연이 아니어도, 가족들의 관심 밖에 있는 분임을 알 수 있었다.

"선생님께서 사모님을 바꾼다는 것은 불가능합니다. 단지 이제부터 하나님께 있는 사실을 아뢰십시오. 귀를 지으신 분이 들으시고, 눈을 만드신 분이 보시며, 입을 만드신 분이 말씀하십니다. '예수님이 필요합니다. 나 힘들어요. 내 인생을 바꿔 주세요' 하고 아뢰면, 하나님께서 두 분의 마음을 변화시켜 주실 것입니다. 선생님께서 사모님과 말이 통하지 않는다고 호소하는 것은 사실상 하나님에 대한 갈망의 표현입니다."

"맞아요. 내가 50년 동안 교회에 다녔으면서 가정에서 아내와 화평하지 못했던 건, 아직 예수님을 인격적으로 모시지 못했기 때문인 것 같네요."

어르신은 그동안 가정문제로 여러 차례 상담도 받았다고 했다. 그때마다 "그저 섬겨라, 참아라, 마음을 비워라, 자신을 죽여라"는 말만 들었는데, 정작 문제 해결의 핵심인 예수님, 즉 복음에 의존하지 않고 인간적인 방법으로 해결하려 했다고 고백했다. 그리고 이젠 희망이 보인다고 했다. "나는 할 수 없지만, 예수님이면 하실 수 있다는 믿음이 생긴다"면서 환하게 웃는데, 그 얼굴이 첫 대면할 때와는 완전히 다른 모습이었다. 나는 복음의 빛이 들어가면 얼굴이 저렇게 달라질 수도 있구나 알게 되었다. 그때 맞은편에서 눈을 감고 있던 환자가 벌떡 일어났다.

"며칠 동안 어르신과 얘길 나눠도 실마리를 풀 수 없었는데, 권사님께서 복음이 해답임을 알게 해주셔서 제 속이 다 후련합니다."

자신도 집사라고 소개하면서 우리는 예수님을 믿어도 다 예수님이 필요한 사람이라는 것을 깨닫게 되었다고 했다.

"그것 또한 하나님의 은혜가 임해야 알 수 있어요. 그래서 구원은 하나님의 선물이고, 사람이 자랑할 것이 없지요."

나는 이렇게 응수하면서 그 환자분에게도 축복의 인사를 건넸다. 그리고 정호승 시인의 시를 읊어 드렸다.

〈 햇살에게 〉

이른 아침에

먼지를 볼 수 있게 해 주셔서 감사합니다

이제는 내가

먼지에 불과하다는 것을 알게 해 주셔서 감사합니다

그래도 먼지가 된 나를

하루 종일

찬란하게 비춰 주셔서 감사합니다

예수님은 우리에게 필요한 절대 존재이시고, 우리의 필요를 채워 주기에 충분한 분이시다. 즉 삶 속에서 예수님이 필요하다고 고백할 때, '필요충분조건'의 아이콘이신 예수님은 우리에게 필요의 잔을 충분하게 채워 주신다. 그래서 다윗처럼, 사도 바울처럼, "주님 한 분으로 족하나이다"라고 고백하게 된다. 하지만 인간 스스로는 그분의 필요성을 알 수가 없으며, 오직 하나님의 은혜가 임해야 한다.

> "너희는 그 은혜에 의하여 믿음으로 말미암아 구원을 받았으니 이것은 너희에게서 난 것이 아니요 하나님의 선물이라 행위에서 난 것이 아니니 이는 누구든지 자랑하지 못하게 함이라" 엡 2:8-9

2부

전도 레시피 2

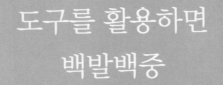

도구를 활용하면
백발백중

밀가루
한 줌으로
복음 전하기

조문도 석사가의(朝聞道 夕死可矣)

아침에 도를 깨달으면 저녁에 죽어도 괜찮다는 내용의 이
글은 논어에 나오는 공자의 말씀이다. 진리 추구에 대한 공
자의 마음이 강렬하게 표현되어 있다. 도를 깨치는 일이 얼
마나 어렵고, 참된 인간이 되는 길이 얼마나 어려운지를 이
야기한 것이다.

그런데 이 문장을 자세히 들여다보노라니 한 가지 의문이 든다. 공자께서 도를 깨닫는 것이 인생의 목표였다면, 깨닫는 즉시 죽어도 좋다 하지 않고, 왜 낮을 지나 저녁까지 기다렸다가 죽는다고 했을까? 추측컨대, 낮 동안 깨달은 도를 전하려고 하지 않았을까 싶다. "이 세상을 어떻게 살 것인가에 대해서도 다 알지 못하는데, 죽은 후를 어떻게 알겠는가?"라고 한 공자도 깨치기만 하면 반드시 그 깨우침을 전한다는 의도를 담고 있지 않았을까? 그렇다면 우리는 어떠한가?

> "…내가 곧 길이요 진리요 생명이니 나로 말미암지
> 않고는 아버지께로 올 자가 없느니라" 요 14:6

예수님은 일찍이 이렇게 선포하셨다. 길이요 진리요 생명이신 예수님을 확실히 믿는 우리가 전도를 하는 것은 마땅하다. 전도는 우리의 소원이자 우리의 사명이다.

일반적으로 성도들에게는 불편하지만 해야 하는 두 가지가 있다. 첫째는 대표기도이고, 둘째는 전도이다. 그런데 이것이 어려워서 갈등과 고민을 한다. 나 역시 그랬다. 갑자기 식사기도나 심방기도 등의 차례가 돌아오면, 하늘이 노랗고 무슨 말씀을 아뢰어야 할지 당혹스럽기까지 했다. 언제 어디서나 마음을 울리는 기도를 척척 잘하는 사람들을 보면 부러웠다. 그런가 하면 전도를 해야 한다는 부담은 늘 있지만, 입이 떨어지지 않아서 실천이 어려웠다.

이것의 해결책은 의외로 단순하다. 많이 해보는 것이 상수다. 기도를 잘 하고 싶다면, 기도 시간을 많이 내고, 하나님께 자주 여쭤 보는 것이다. 처음에는 잘 들리지 않고 답답하지만, 계속 하다 보면 조금씩 기도의 맛을 알게 된다. 전도도 일단 나가서 사람들을 만나는 것이다. 세계 고기잡이 센터를 만들고 유명한 전문가를 모시고 세미나를 해도 물고기를 잡으러 바다에 나가지 않는다면, 이 어부는 더 이상 어부가 아니다. 어부의 정체성은 바다에 나가 고기를 잡을 때 확인된다. 믿기 전에는 우리도 전도 대상자였지만, 믿은 후에는 전도자가 되었다. 믿기 전 우리는 하나님께 부름 받은 자들이었고, 믿은 후에는 보내심을 받은 자들인 것이다.

어부들이 물고기를 잡으러 갈 때 맨손으로 가는 사람은 없다. 어망, 미끼 등의 도구를 꼼꼼히 챙겨서 나간다. 전도도 도구가 필요하다. 인간은 도구를 만들고, 도구를 사용하는 존재다. 이런 동시가 있다.

〈 도구랍니다 〉

그림을 그리는 크레파스
크레파스는 도구랍니다

종이를 자르는 가위
가위는 도구랍니다

못을 박는 망치
망치는 도구랍니다

우리를 편리하게 해 주는 것
바로 바로 도구랍니다

도구가 있으면 편하다. 옛날에는 망치 하나로 벽에 못을 박
았지만, 요즘엔 어렵다. 해머 기능이 있는 전동 드라이버와
칼블럭이라는 도구를 사용해야 제대로 못을 박는다. 전문가
일수록 도구가 많은 것을 볼 수 있다.
　복음을 전할 때 우리에게는 '입'이라는 도구가 있다. 또한
전도지, 영상물, 복음팔찌, SNS 등 여러 매개물이 있다. 상황

에 따라 전도의 접촉점이 다르기에, 여러 도구들을 준비해 두면 좋다.

나는 밀가루 한 줌을 비닐봉지에 담아 갖고 다니기도 한다. '인생은 결국 한 줌의 흙으로 돌아간다'는 말을 시각적으로 보여 줌으로써 현실에서 더 깊이 각인되는 도구가 되기 때문이다. 나는 추도예배 때나, 일중독에 걸려 바쁘게 살아가는 사람들에게 이 도구를 사용해서 전한다. 그러면 그들이 한 줌 재가 되는 인생을 앞으로 어떻게 살아야 하는지 생각하고, 훨씬 수월하게 복음을 받아들인다.

프랜시스 챈(Francis Chan) 목사님이 이 땅의 삶이 전부가 아님을 말하며, 강단 위에서 긴 밧줄을 이용해 영원한 세계에 대해 설교하는 영상을 봤다. 나도 긴 리본테이프를 사서 그 위에 빨간 테이프를 짧게 붙였다. 인생의 여정이 길다고 하지만, 영원한 세계에 비하면 너무 짧은 것이라고 하면서 빨간 테이프 부분을 가리킨다. 그리고 이 짧은 인생에서 지금 어떤 선택을 하느냐에 따라 천국과 지옥이 결정된다는 접촉점으로 사용한다. 보이는 세계가 전부가 아님을 일깨워 줌으로써, 복음을 받아들일 수 있는 훌륭한 도구가 되기도 한다.

그러나 무엇보다 하나님의 말씀과 그 말씀을 온전히 풀어 설명할 수 있는 전도자 자신이 올바른 전도의 도구이다. 내가 어떤 도구를 사용할 때 전도 대상자들과 가장 잘 소통되는지를 찾아보자. 또 적절한 전도의 도구를 찾아 전도의 자유함을 누려 보자.

▷전도에 사용하는
밀가루 한 줌

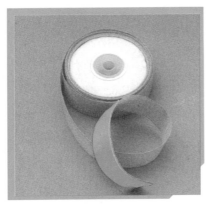

▷전도에 사용하는
영생 리본테이프

행복
접촉점
찾기

전도는 무조건 일방적으로 복음을 전하는 것이 아니다. 대화를 통해서 상대로 하여금 생각할 수 있는 기회를 주는 것이다.

"당신은 행복하십니까?" 이것은 온누리전도학교에서 만든 온누리 전도지의 표지에 쓰인 글귀이다. 요즘 사람들의 주요 관심사인 '행복'을 전도 접촉점으로 삼은 것이다. 질문에는 상대방이 "예", "아니오" 식의 단답형으로 답할 닫힌 질문과,

자신의 의견이나 생각을 자유롭게 말하도록 하는 열린 질문이 있다. 대화 시 열린 질문을 많이 할 때 상대편이 스스로 생각하게 되고 마음의 문을 여는 것을 볼 수 있다.

"선생님은 언제 가장 행복하다고 생각하십니까?" 하면서 열린 질문으로 다가간다. 그러면 "처음으로 집 장만했을 때", "자녀가 원하는 대학교에 합격했을 때", "사랑하는 사람을 만나 결혼했을 때" 등 다양한 대답이 나온다.

"듣기만 해도 행복했던 모습이 그려지네요" 하면서 공감을 한 후, "그 행복한 시간이 영원하다고 생각하시나요?" 라고 또 질문을 던진다. 그러면 대부분 "아니다" 라고 하면서 쓴웃음을 짓는다. 그때 본격적으로 "사람은 본래 하나님과 교제하면서 행복하게 살도록 창조되었습니다" 하면서 복음을 전한다. 그런데 "행복한 기억이 하나도 없어요" 라고 말하는 사람도 있다. 그때는 "그렇지요. 행복한 때보다도 힘든 기억이 더 많은 게 우리 인생이니, 선생님의 말씀이 당연합니다" 하면서 마음을 읽어 주며 복음으로 들어간다.

공원에서 젊은 남녀가 행복한 모습으로 앉아 있다.

"언제 가장 행복하다고 생각하시나요?"

"지금이요."

"그 행복한 시간이 영원하다고 생각하시나요?"

"뭐라고요?"

전도자의 미숙한 대화 기술로 젊은 남녀를 화나게 하여 피차 당황했다는 실수담을, 처음 노방전도를 나간 분에게서 들었다. 이처럼 전도는 유연성이 필요하다. 그때 그때의 상황에 따라 순발력 있게 대응할 줄 아는 지혜가 있어야 한다. "두 분이 무척 잘 어울리고 행복해 보이네요. 이 행복이 영원히 지속될 수 있길 바랍니다"라고 말했다면, 그들은 마음을 열고 귀를 기울였을 것이다.

그런가 하면 "난 항상 행복해요. 행복이란 자기 마음에 달렸으니까요"라고 말하는 사람들을 만나기도 한다. 이럴 땐 다음으로 넘어가기가 어려워진다. 이 세상엔 진정한 행복이 없고 불행하다는 쪽으로 유도하려는 유혹이 앞선다. 그때는 상대방의 말에 충분한 칭찬과 공감이 필요하다. "이렇게 말하는 분이 별로 없는데, 어쩌면 그렇게 지혜로우세요? 얼굴만 봐도 행복해 보입니다" 하면서 칭찬을 해준다. 그러면 상대방은 자신의 생각에 동의해 주었다는 것에 마음을 활짝 연다. 이때 강원도 산골의 노부부 이야기로 화제를 돌리는 것도 괜찮다.

"혹시 〈님아, 그 강을 건너지 마오〉라는 다큐멘터리 영화를 본 적 있으세요?" 하면서 실마리를 풀어낸다. 실화인 이 이야기는 98세인 할아버지와 89세인 할머니의 애틋한 사랑을 담고 있다. 이 영화는 남녀노소 가릴 것 없이 큰 감동을 주었다. 100세 생신을 앞둔 할아버지께 기분이 어떠신지 기자가 질문을 했다. 그랬더니 "세월 가면 어쩔 수 없지. 꽃이나 나무나 사람이나 똑같아. 봄이 되면 꽃 피고 참 예뻐. 거기서 딱 멈추면 좋은데, 가을이 되면 꼬부라져. 서리 맞아 떨어진단 말이야. 그러면 다 헛되지"라고 하셨다. 누구나 죽음의 강을 건너게 되어 있다. 인간이 아무리 행복해도 죽음의 한계 앞에서는 꼼짝 못한다. 현세와 내세가 행복해야 진짜 행복이다. 이때 자연스럽게 죽음을 이기신 분인 예수 그리스도를 소개하면서 복음을 전한다.

아기를 키우는 젊은 엄마들에게는 아기에 대한 화제로 초점을 맞춘다. "아기의 얼굴이 사랑스럽고 행복해 보여요"라고 진정성을 담아 먼저 칭찬을 한다. 그런 다음 "아기는 엄마만 있으면 행복하다. 장난감을 가지고 놀다가도 늘 엄마를 찾고 엄마가 없으면 운다. 마찬가지로 인간은 나를 창조하신 하나님을 만나야 행복하다. 돈, 권력, 성공의 장난감을 갖고 놀다가도 행복을 줄 수 있는 뭔가를 또 찾는다. 인간이 몰라서 그럴 뿐이지, 사실은 모두가 하나님을 찾고 있다. 인간은 하나님 없이 모든 걸 다 가져도 공허하다. 인간은 하나님으로만 행복해지기 때문이다"라는 이야기로 공감대를 형성한다.

행복이란 접촉점을 여러 방면에서 생각하며 질문을 던져 보자. 열린 질문은 전도에 꼭 필요하다.

질문으로
영혼을
터치하라

　나는 매 주마다 병원 전도를 나간다. 한 병실에 들어갔더니 환자가 침상에서 멍하니 앉아 있었다. 옆에서는 딸이 간병을 했다. 내가 가까이 다가가자, 딸이 입을 열었다.

　"엄마는 뇌졸중으로 병원생활 한 지 5년이나 되었어요. 인지능력이 떨어져 무슨 말을 해도 소용이 없어요. 시간 낭비하지 마시고 다른 곳에 가서 전하세요."

　나는 환자가 잘 들을 것 같은 마음이 들었다. 딸의 거절 의

사에도 불구하고 나는 조심히 다가가 말했다.

"내 몸의 기능이나 정신적인 인지는 떨어질지 몰라도, 내 영혼은 전혀 그렇지 않아요. 내 영혼이 곧 나예요."

그러자 내 말을 듣고 있던 환자가 눈을 반짝이며 나를 응시했다. 나는 그분과 지그시 눈을 맞추었다.

"많이 힘드시죠?"

"네."

환자는 고개를 끄덕이며 힘없이 말했다. 나는 계속 대화를 이어 갔다.

"요즘 무슨 생각을 많이 하세요?"

"엄마 생각이요."

"어른이라도 아프거나 힘들 땐 엄마 생각이 많이 나지요."

"그래요. 엄마가 보고 싶어요."

그녀는 어린아이처럼 얘기했다.

"우리는 나이 들어도 엄마 앞에서는 늘 어린아이이지요. 그래서 엄마 품이 그리운 거지요. 엄마가 날 낳아 주셨기 때문에, 엄마 생각이 나는 것은 본능인 것 같아요."

"맞아요."

그녀는 자기 마음을 읽어 주는 게 반가운지 손뼉까지 쳤다.

"그런데 부모님의 몸을 통해 내가 태어났지만, 나를 만드신

분은 하나님이십니다. 엄마가 보고 싶은 것은 내 영혼이 나를 지으신 하나님을 그리워하고 보고 싶어 하는 것입니다."

나는 천천히 복음을 전했고, 전하는 말씀을 스펀지처럼 받아들이던 그녀는 흔쾌히 예수님을 영접했다. 다시 한 번 질문을 던져 봐도 "나는 이제 하나님의 자식이 되었다"고 말했다. 이런 기억이 오래 가지 않는다고 따님은 얘기했지만, 어머니의 영혼은 분명히 기억하고 있다고 하면서 기도해 주었다.

택시를 타면 가끔 염주가 앞 유리창에 매달려 있는 것을 볼 수 있다. 나는 "기사님! 부처님께 무사히 지켜 달라는 의미로 염주를 걸어 놓으셨죠?" 하고 질문한다. 그분은 "그렇다"고 시인한다. "기사님! 여기 달린 염주의 숫자가 몇 개인가요?" 하고 또 질문을 던져 본다.

"모릅니다. 그냥 부처님께 무사히 지켜 달라고 아내가 걸어 둔 거예요."

"아내 분이 남편을 생각하는 마음이 귀하십니다. 그런데 염주는 108개를 기본으로 그 약수들로 만들어졌대요. 그 이유는 인생이 108개의 번뇌, 즉 번뇌가 많다는 뜻이지요. 부처님의 가르침을 통해 이 번뇌에서 벗어나려고 하지만, 누구도 이것에서 자유로운 사람은 없어요. 이 번뇌에서 벗어날 수 있는 기쁜 소식을 잠깐 소개해 드릴게요. 사람이 하나님을 섬기지 않는 데서부터 번뇌와 고통이 시작되었다고 성경은 말씀하고 있습니다" 하면서 복음을 전한다.

어르신들 가운데도 염주를 팔에 차고 다니시는 분이 있다. 염주의 숫자를 질문하며 복음을 전하면 의외로 받아들이는 경우가 많다. 물론 팔에 차고 있는 염주를 단번에 벗는다는 것은 쉽지 않다. 하지만 그들에게 '부처님의 가르침을 통해서는 번뇌에서 벗어날 수 없다'는 사실을 깨닫는 기회는 줄 수 있다.

어머니 같은 나의 큰언니는 한겨울에도 소원을 꼭 들어준다는 팔공산 갓바위에 가는, 불심이 특심한 사람이다. 친정에 갈 때마다 전도를 하면 "나는 이 집 법도를 따라야 해서 안 된다"고 했다. 그런 언니가 포항에 있는 한 요양병원에 입원을 했다.

"언니, 힘들지요? 누워서 무슨 생각을 많이 해요?"

"빨리 죽어야지 하는 생각밖에 없어. 그래야 너희들도 멀리까지 오는 수고도 하지 않을 것이고⋯."

언니는 죽고 싶다는 말을 입에 달고 있었다.

"언니, 빨리 죽는 것보다 잘 죽는 것이 중요하지요. 어머니처럼."

"우리 어머니처럼 죽으면 얼마나 좋겠니?"

우리 친정어머니는 암이라는 진단을 받았지만, 오진인가 의심할 정도로 건강하게 지내시다 하루 저녁을 앓고 소천하셨다. 평소에 오래 아프지 않고 천국에 가도록 기도하신 대로 이루어진 것이다. 이것을 알기에 나는 "어머니처럼 죽으려면 예수를 믿어야 한다"고 단호하게 말했다. 언니가 "어머니처럼 된다면야 내가 믿지" 했다. 나는 그때 복음을 전했고, 언니도 순순히 예수님을 영접했다.

전도는 보이는 것 너머를 보는 눈을 가지고 영혼을 터치해 주는 게 아주 중요하다. 마음속에 일어나는 생각이 바로 그 사람이기에, "무슨 생각을 많이 하시나요?"라고 질문을 하면 그 사람의 고민거리나 관심사를 금세 알 수 있다. 또한 그 사람이 지니고 있는 물건이나 사건을 통해 적절한 질문을 던짐으로써, 복음을 전하는 시도를 해보는 것도 필요하다.

질문은 피전도자가 스스로 생각하도록 돕는 최고의 도구다. 이것이 질문하는 전도자가 되어야 하는 이유이기도 하다.

복음
팔찌
활용하기

    손녀가 초등학교 3학년이 되더니, 부쩍 새로운 친구를 많이 사귀었다. 바깥에서 놀기엔 제법 쌀쌀한 어느 날, 자기 친구들을 집으로 데리고 와도 되느냐고 손녀가 내게 물었다. 꼬마 친구들이 오면 귀찮기도 하고 내 일에 방해가 될 것 같아 안 된다고 말하려다가 순간 멈췄다.

    "부정적인 사람은 모든 기회에서 어려움을 찾고, 긍정적인 사람은 모든 어려움에서 기회를 찾는다"라는 명언이 떠올라서 '모든 것은 기회이다. 나는 기왕이면 이 아이들에게 좋은 할머니의 인상을 심어 주어 복음을 전해야겠다'는 마음이 들었다. 나는 언제든지 친구들을 데리고 와도 좋다고 승낙했다. 내 말이 떨어지기가 무섭게 손녀는 친구 두 명을 데리고 왔다. 나는 우선 꼬마 친구들을 환영하며 간식을 차려 주었다. 아이들은 맛있게 먹고 나더니 집 안에서 숨바꼭질을 하고 싶다고 했다. 나는 난처한 생각이 들었지만 그것도 허락했다.

장롱 속에도 들어가고, 침대 아래에도 숨고, 옷장 뒤에도 숨었다. 마음으로는 제지하고 싶었지만, 내 자녀들이 어렸을 적에 숨바꼭질을 하고 노는데 집 안을 어지럽힌다고 하지 못하게 꾸중을 한 기억이 떠올라 그냥 두었다. 엄마로서 실패한 것을 할머니가 되어 대신 보상해 주고 싶은 마음도 있었다. '집 안이 어질러지면 다시 치우면 된다. 내 손주들에게 좋은 추억을 갖게 해주는 것이 더 소중하다'고 긍정적으로 생각하니, 오히려 마음이 즐거웠다. 나중엔 자기들끼리 숨바꼭질을 하더니, 나보고 술래가 되어 찾아보라고 했다. 나는 아이들과 친구가 되어 숨바꼭질을 했다.

한참을 놀다가 꼬마 친구들이 자리에 앉았을 때, 나는 예쁘게 만든 팔찌를 몇 개 보여 주었다. 나뭇잎(창조), 검정 구슬(죄), 십자가(예수님), 빨강 하트(보혈), 흰 구슬(깨끗해짐), 황금

구슬(천국)이 차례로 꿰어져 있고, 나머지는 여러 구슬로 꿴 귀엽고 앙증맞은 복음팔찌다. 요즈음 전도할 때 복음팔찌를 활용하면 전도의 접촉점이 되어 다가가기가 쉽다. 또한 전도를 받는 사람들도 팔찌가 예뻐서 함부로 버리지 않고, 액세서리로 팔에 차고 다닌다. 그래서 미리 팔찌를 여러 개 만들어 두었다.

▷전도에 사용하는 복음팔찌

호기심이 많은 아이들이라 팔찌를 갖고 싶어 했다. 나는 이걸 받으려면 먼저 할머니가 말하는 것을 들어야 한다고 말했다. 그러면서 전도지를 꺼냈다. 전도지에 그려진 '하트'를 가리키며 "이게 뭐지?" 하고 질문하면서 복음을 전했다. 아이들은 초롱초롱한 눈망울로 귀를 쫑긋 세우며 듣다가 예수님을 영접했다. 그리고 자기가 좋아하는 팔찌를 고르게 한 후 선물로 주면서 다시 한 번 복음팔찌로 복음을 재확인시켰다. 그런 다음 한 사람씩 설명해 보라고 했더니, 아이들은 들은 것을 잊지 않고 설명했다. 한 친구는 이 팔찌를 날마다 차고 다니며 예수님을 생각하겠다고 했다. 아직 아빠가 예수님을 믿지 않기에, 아빠를 위해 기도해 달라는 아이도 있었다. 또 한 친구는 엄마에게 교회에 보내 달라고 얘기하겠다고 했다.

나는 이 일을 계기로 차세대 전도에 대해 무한한 가능성을 발견하게 되었다. 손녀에게 언제든지 친구들을 집에 데리고 오라고 했다. 손녀는 번갈아 가며 친구들을 데리고 왔다. "서당 개 삼 년이면 풍월을 읊는다"는 속담이 있듯, 옆에서 반복해서 들었던 손녀가 신이 나서 나 대신 전도지로 복음을 전하고 복음팔찌로 재확인을 했다. 나는 아이들이 직접 자기 친구들에게 복음을 전하는 것도 좋은 방법이라는 아이디어를 손녀를 통해 얻게 됐다.

공통
분모
찾기

어느 날 도시계획에 따라 깨끗하게 새 단장을 한 청량리역 광장에 섰다. 출퇴근 시간이 아닌데도 사람들의 이동은 빈번했다. 나는 잠시 눈을 감고 기도했다.

"하나님, 사람들의 발걸음이 끊이지 않는 이 장소를 축복하소서. 특별히 아버지께서 바라보고 계신 한 영혼, 오늘 예비해 두신 한 영혼을 이곳에서 만나길 원합니다. 그를 제게 붙여 주시고 주의 복음을 잘 전할 수 있게 제 입술에 기름 부어 주소서."

주위를 둘러보니 광장 주변 벤치에 두 분이 앉아 있었다. 70대 중반쯤으로 보이는 노신사 한 분에게 유달리 내 마음이 끌리고 있었다. 나는 먼저 그분에게 미소를 지으며 다가갔다.

"저, 말씀 좀 여쭙겠습니다. 선생님의 귀한 시간을 제게 5분 정도 내어 주실 수 있으세요?"

그렇게 하라는 듯, 그분은 손짓으로 자신의 옆자리를 내어 주었다. 나는 그분의 옆에 앉았고, 우리 일행이 교회에서 나왔음을 먼저 말씀드렸다. 그분의 눈빛을 살피며 나는 전도지를 펼쳐 들었다. 첫 장의 그림을 가리키며 "이게 무엇일까요?" 했더니, "하트"라고 대답하셨다.

"그렇지요. 하트는 사랑이지요. 사랑하면 자주 만나게 되고, 그렇게 자주 만나는 걸 우리는 교제라고 합니다. 사람은 본래 하나님과 교제하며 행복하게 살아가도록 창조되었습니다. (후략)"

나는 계속 말을 이어 갔다. 서투르긴 하나 열심을 다해 전하는 나의 설명에 그분은 귀를 기울여 주셨다. 나는 신이 나서 계속 복음을 전했다.

"하나님은 사랑의 하나님이시기에, 사람들이 불행하게 되는 것을 원하지 않으십니다. 그래서 예수 그리스도를 이 땅에 보내셨습니다. 그렇다면 예수님이 이 세상에 오신 목적은 무엇일까요? 예수님은 죽기 위해 오셨습니다."

"뭐라고? 죽기 위해 왔다고? 그게 말이 되는가?"

예수님이 죽기 위해 오셨다는 내 말에 그분은 격앙된 목소리로 반문했다. '죽음'이란 단어에 민감하게 반응하는 듯했다.

"나도 옛날에 교회 다녔소. 이 사람은 고대를 나왔고, ROTC 5기올시다. 교회 다니는 사람들이 그렇게 말하면 안 된다 말이오."

순간 나는 당황했지만, 이분이 교회에 대한 상처가 있음을 직감할 수 있었다. 이 상황에서 어떤 말로 대처해야 할까 생각하는데 이분이 하신 말씀 중에 ROTC란 말이 내 귀에 꽂혔다.

"어머, 그러세요? 저희 아버지도 ROTC 6기생입니다. 그러니까 우리 아버지의 선배님 되시는군요. 선생님은 병과가 어떻게 되십니까? 우리 아버지는 헌병이셨습니다."

나와는 직접적인 관련이 없지만, 우리 아버지의 군복무를 들추면서 응대를 했다. 그분은 자신도 헌병이었다면서 마치 옛 동료를 만난 듯 좋아하셨다. 부친이 어디서 근무를 했느냐고 묻기에, 6군단, 30사단, 수경사, 국방부 등을 거론하며 소상하고도 성실하게 알려 드렸다. 서로 공통되는 애깃거리를 갖고 공감대를 형성하다 보니, 그분이 마음을 여셨다. 나도 아버지 친구 분을 만난 듯, 그분에게 친근감이 생겼다.

"내가 처음 만난 사람에게 별 얘길 다하는 것 같은데, 사실은 아주 오래전 하나밖에 없는 아들을 잃었소. 내가 4대 독자고 우리 아들이 5대 독자였지요. 지금 살아 있으면 48살이지. 그 아이가 새벽예배에 다녀오다 그만 교통사고로…. 얼굴도 못 알아볼 정도로 뭉개져서 졸지에 우리 곁을 떠났다오."

그분은 차마 말을 잇지 못했다. 사고 당시 교인들이 건넨 위로의 말들이 오히려 상처가 되었던 것 같았다. 그래서 죽음이란 단어에 유독 민감하게 반응하셨던 게 이해가 됐다. 또한 그때 받은 상처로 인해 "예수님이 죽기 위해 오셨다"는 말에 걸리고 말았던 것이다.

나는 왠지 그분의 말을 들어 드려야 할 것 같았다. 그래서 마음으로 한 발 더 다가갔고, 가만히 그분의 이야기를 듣고만 있었다. 아들과의 갑작스런 사별, 오랜 세월 동안 부부가 겪어 온 상실의 아픔 등 자신의 살아온 이야기를 한참 동안 풀어놓았다. 그런 뒤 그분은 내게 이런 당부의 말을 덧붙였다.

"교회에 다니는 사람들에게 꼭 부탁하고 싶은 말이 있어요. 어설프게 위로한다고 남의 가슴에 못 박는 언행 따위는 제발 삼가라고요."

그분은 좀전과는 달리, 한결 밝아진 표정으로 바뀌어 있었다. 그렇지 않아도 나이가 들어 이젠 교회에 다시 다녀볼까 생각하던 중이었는데 잘 됐다면서, 내게 출석하는 교회가 어디냐고 물으셨다. 나는 온누리교회라고 밝힌 뒤, "선생님 사시는 동네에서 가까운 교회에 나가셔도 된다"고 말씀드렸다.

"우리 집이 잠실 석촌 호수 근처거든. 시간 되면 그 교회로 나가볼 테니, 전도지 한 장 줘 봐요."

나는 손에 든 전도지를 드리며, 전하다 만 복음을 끝까지 전하고 가장 중요하고도 결정적인 질문을 던졌다.

"선생님! 예전에 교회에 다니셨어도 다시 한 번 여쭤 보겠습니다. 선생님은 예수님을 영접하시겠습니까?"

그분은 고개를 끄덕이며 "예"라고 대답하셨고, 영접기도를 읽으면서 "아멘!"으로 화답하셨다. 나는 그분의 손을 잡고 하나님께 간절히 기도드렸다. "이 선생님의 상한 맘에 찾아와 주시고, 세상이 줄 수 없는 큰 위로와 평강을 내려주세요"라고 간구하자, 그분은 다시 한 번 "아멘"으로 답했다.

위 글은 전도학교 훈련생 김현아 집사님이 노방전도 현장에서 체험한 간증문이다.

전도는 '관계'를 통해 이루어진다. 김 집사님은 낯선 사람에게 다가갈 때, "선생님의 귀한 시간을 제게 5분 정도 내어 주실 수 있으세요?" 하면서 상대방에게 양해를 구하며, 그로 하여금 자신이 귀한 사람이라는 느낌을 갖도록 하는 겸손한 접근 방식을 취했다. 이렇게 말하면 상대방은 거절하지 않고 시간을 내어 준다. 여기서 중요한 것은 짧은 시간에 상대방과 전도자인 나 사이를 이어 줄 만한 공통분모를 찾아내는 센스다. 본문에서 소개한 노신사에게 다가갈 때 집사님은 'ROTC'라는 공통분모를 대화 속에 끌어들였고, 그것이 상대방의 마음을 여는 계기가 되었다. 과거의 상처를 드러낼 때, 정답을 말하려고 하지 말고 그냥 들어주는 것이 상대방의 마음을 얻는 길이다.

또한 이해할 수 없는 가족의 죽음 앞에 선 지체가 "선하시고 전능하신 하나님이 어떻게 이 일이 일어나도록 내버려두셨나?" 하면서 하나님께 대한 분노와 혼란스러운 감정을 겪고 있을 때, "고인은 지금 천국에서 주님과 함께 행복하게 있을 거예요"라는 식의 섣부르고 경솔한 위로를 건네기보다는 말없이 손잡아 주며 함께 울어 주는 것이 교회 구성원으로서 가장 먼저 할 일이다.

소통은
밥통에서
시작된다

그리스도인이라면 누구나 전도에 대한 거룩한 부담감이 있다. 모처럼 직장동료에게 전도를 하려고 입을 뗐는데, "됐고"라는 말 한마디로 일축해 버리면 분위기가 순간 어색하고 썰렁해지면서 피차 할 말을 잃게 된다. 매일 마주치며 함께하는 일터에서 동료나 친구에게 복음을 말로 전하는 방법은 이 시대에 맞지 않는 것일까?

"…하나님께서 전도의 미련한 것으로 믿는 자들을
구원하시기를 기뻐하셨도다" 고전 1:21

"…듣지도 못한 이를 어찌 믿으리요 전파하는 자가
없이 어찌 들으리요" 롬 10:14

우리는 이 말씀의 딜레마에 대해 고민해 봐야 한다.

밥을 같이 먹는 사람을 식구(食口)라고 한다. 가족보다 더
친근감이 있다. 음식은 친밀감, 사랑, 관심과 연결되어 있다.
동료라는 의미의 'companion'의 어원은 라틴어로 '함께 빵
을 먹는 사람'이란 뜻이다. 인화(人和)라는 단어의 한자를 봐
도 밥을 같이 먹을 때 화합할 수 있다는 의미이다.

아이러니하게도 요즘 혼밥, 혼술이 유행처럼 번지고 있다.
또한 TV프로그램을 보면 먹는 방송(먹방)이 대세인 것 같다.
먹방은 일정한 틀이 없다. 연예인들이 나와서 이리저리 궁리
하며 음식을 만들기도 하고, 또 그 음식을 탐스럽게 먹기도
한다. 내가 먹지도 않는데 남이 먹는 것을 보고 왜 그토록 열
광할까? 여러 이유가 있겠지만, 인기인들도 나와 별반 다르
지 않구나 하면서 함께 음식을 먹고 있다는 착각을 불러일으
키기 때문이다. 즉 TV 속 인물과 동료의식을 갖게 된다는 것

이다. 현대인들은 먹을 것이 부족한 것이 아니라, 같이 먹을 사람이 부족하다. 먹방 유행은 혼자 먹는 밥상에 질려 버린 외톨이들이 얼마나 많은지를 보여 주는 현상이다.

인간은 혼자 사는 존재가 아니다. 하나님께서는 인간을 교제하며 친밀함을 나누도록 창조하셨다. 복음을 전하기 전에 먼저 친해져야 마음이 열린다. 친해지려면 같이 밥부터 먹어야 한다. 그것이 전도의 출발점이다. "내가 밥 살게"라고 먼저 말할 수 있어야 한다. 그리고 밥을 먹으면서 그의 이야기에 귀 기울이고 공감하면서 진심으로 다가가야 한다. 많은 사람들 중 한 사람이 아니라 그 사람이 유일한 한 사람인 것처럼 대해야 한다. 예수님도 사람들과 함께 식사를 하셨다. 오죽하면 바리새인들이 "먹기를 탐하는 자"라고 했을까? 예수님은 그들과 친하고 싶으셔서 먼저 다가가는 방법으로 식사를 함께하셨다.

큰 회사를 경영하던 회장님의 아내가 내게 이런 이야기를 했다.

평소 바쁜 업무로 인해 '가뭄에 콩 나듯' 교회에 출석한 그분의 남편이 암으로 투병생활을 하면서 복음을 몇 차례 접했고 예수님을 구주로 영접했다. 구원의 확신을 점검하고 싶어 "천국 가시면 예수님께 무슨 말부터 하고 싶으세요?"라고 질문했더니, "예수님, 식사 한 번 같이 하시지요?"라고 대답했단다. 세상의 습관대로 비즈니스 하는 것 같아 그녀는 속이 상했다. 남편이 하늘나라로 가고 며칠 후 꿈에서 남편이 예수님과 식사하는 것을 보았다고 한다. 남편이 진심을 표현하는 방법이 맛있는 음식을 대접하는 것이었음을 그제야 깨닫고, 그녀는 사람들에게 밥을 사주면서 전도를 한다고 간증했다.

전도 훈련은 관계 훈련이다. 관계의 핵심은 소통이다. 소통은 밥통이다. 밥을 나누면서 통한다. "밥 같이 먹자, 밥 살게"하면서 친해질 수 있다.

나와 전도 동역자인 임성숙 권사는 전도를 나갈 때 손수음식을 만들어 간다. 어느 날 아버지가 두문불출 식사를 거부하셔서 돌아가시기 전에 예수님을 믿게 도와 달라는 두 자매의 요청이 있었다. 사업을 하면서 잘 사시던 분이 연세가들면서 인생의 허무함을 느껴 우울증이 온 것 같다고 했다.

우리는 조심스럽게 그 집을 방문했다. 그날도 임 권사님은 어르신을 위해 소화도 잘 되고 입맛도 돋게 하는 조기 찜과 샐러드를 정갈하게 만들어 갔다. 딸들이 "우리를 위해 기도해 주시는 권사님이신데, 아버지를 뵙고 싶다고 음식까지해서 귀한 걸음을 하셨다"고 했지만, "만나고 싶지 않다"면서거절하셨다. 나는 가져온 음식을 아버지께 직접 보여 드리면 마음이 움직일 것 같아서, 따님에게 그대로 전했다. 내 생각은 적중했다. 어르신은 마음이 바뀐 듯 옷을 갖춰 입고 나오셨다. "이렇게 음식까지 해 오셨는데, 인사를 하지 않으면 예의가 아니지요" 하면서 정중하게 인사를 하셨다. 그러고는 "나는 혼자인 줄 알았는데 그게 아니네" 하시면서 마음을 여셨다. 반찬이 입맛에 딱 맞는다고 하셨다. 함께 식사를 한 후 어르신은 예수님을 구주로 영접하셨다.

음식을 먹는다는 것은 단순히 배고픔을 달래기 위해, 또는 맛으로 먹는 요식 행위가 아니다. 누군가와 식사를 한다는 것은 교제이고 소통이며 사랑을 나누는 마음의 교환이다.

전도! 밥을 함께 먹는 것으로 출발하자.

영생에 대한
오해
풀기

복음을 전하다 보면 마음을 열고 잘 듣는 사람이 있다. 아주 순수하고 때 묻지 않게 보이는 초등학교 남학생에게 전도를 했다. 하나님이신 예수님이 이 땅에 오신 이유를 설명했다.

"예수님이 십자가에서 죽으시고 부활하셔서 우리에게 두 가지 선물을 주기 원하셔. 바로 평안과 영생이야. 이 선물을 받고 싶지 않니?" 하면서 예수님을 구원자로 영접하길 기대

했다. 그런데 그 학생은 잠시 생각을 하더니 뜻밖의 대답을 했다.

"저는 솔직히 평안은 받고 싶지만 영생은 받고 싶지 않아요. 불안하고 두려울 때 예수님의 평안을 선물로 받고 싶어요. 하지만 영생은 곧 천국에 가는 것이니까 지금은 가고 싶지 않아요."

"영생이란 죽어서 천국 가는 것만이 아니라 믿는 순간 여기서부터 하나님과의 교제가 시작되는 것이야. 하나님은 네가 지혜가 부족해서 그것을 구하면 후히 주시고 꾸짖지 않으신단다."

그제야 어린 친구가 이해가 된다고 하면서 영생을 선물로 받겠다고 했다.

한번은 전도팀이 용산역으로 노방전도를 나갔다. 요즘 우리나라 청년들은 노방전도에 대한 거부감이 많아 다가가기가 어렵다. 그 대신 외국에서 온 청년들은 잘 들어주고 영접하는 확률이 높다. 우리는 스마트폰을 보면서 열차 시간을 기다리고 있는 우리나라 청년에게 다가갔다. 자신은 무신론자라고 한마디로 일축했다.

"하나님에 대해 전혀 실망하지 않는 사람이 있다면 그는 분명 무신론자라고 필립 얀시란 분이 말했는데, 청년은 한

번도 하나님께 실망해 본 적이 없어요?"라고 질문을 던져 보았다. 그 청년은 얼른 스마트폰을 내려놓더니 우리가 말하는 것을 들어보겠다고 했다. 진지하게 귀를 기울이더니 이 청년 역시 "저는 평안은 받고 싶지만 영생은 받고 싶지 않아요. 지금도 살기 힘든데 영원히 살아야 한다니 끔찍해서요"라고 했다. 영생은 곧 죽어서 천국 가는 것, 또 이 땅에서의 삶의 연장선으로 영원히 사는 것이라 오해하고 있었다.

　"영생이란 단순히 천국행 티켓만이 아니에요. 또 죽지 않고 오래 지겹도록 갈등하고 고뇌하며 사는 것이 아니에요. 죄로 인해 끊어졌던 하나님과의 관계가 회복되어 친밀한 교제가 지금부터 시작된다는 뜻이에요. 신앙생활이란 예수님과 친해지는 것을 말하지요. 정말 친한 연인이나 친구에게 차 한 잔 하며 좋은 일이나 어려운 일 등을 고백하며 나누지 않나요? 영생은 예수님이 누구신지 아는 것으로부터 시작되며 그 예수님이 지금도 살아 계셔서 나와 함께 계신다는 사실을 삶에서 체험하는 것이랍니다. 예수님을 믿는다는 것은 예수님 안에 있는 생명이 내 안에 들어온다는 뜻이에요. 그래서 그분이 들어오시면 희망이 싹트고 생기가 돌고 기쁨이 솟아나요. 예수님은 생명을 주시되 더 풍성한 삶을 주시려는 계획을 갖고 계세요. 그 주님을 알고 싶지 않으세요?"

그 청년은 다 듣고 나더니 "선물을 받고 싶어요" 하면서 예수님을 영접했다. 하나님께 바라고 싶은 것이 있으면 기도해 드리겠다고 했더니, 사실 자신은 목사 아들이지만 하나님과 상관없이 살았다고 했다. 하나님이 불공평한 것 같고, 침묵만 하셔서 안 계시다 생각하며 실망했단다. 열차 시간이 다 되어 더 이상 대화를 나눌 수 없었기에, 이제부터는 자신의 마음을 솔직하게 하나님께 말씀드리고 대화하며 교제하는 아들이 되게 해 달라고 기도를 해 주었다.

전도할 때 미래의 천국만이 아닌 현재의 천국도 전해야 한다. 죽음 이후의 천국만 강조하면 신앙과 현실의 괴리가 생기기 때문이다. 영생은 영원히 하나님과 함께 있는 것, 천국은 단순히 장소가 아닌 하나님과의 관계임을 확실히 알려 주는 것이다. 또한 천지를 창조하신 창조주가 내 아버지이심을 알고, 부르면 응답하시는 하나님을 경험하는 것이다. 그분과 교제하면서 그분을 알아 가는 것이다.

전도에
포기란
없다

　한 자매가 전도콜센터 문을 두드렸다. 어머니와 오빠는 증산교, 여동생은 안식교, 아버지는 무신론자라고 가정 형편을 이야기했다. 스물네 살에 일본으로 유학을 간 자매는 부모님이 매일 싸우셨고, 자녀들에게 관심을 가져 주지 않아 부모에 대한 미움과 원망이 컸다고 했다. 그래서 일본에서 가족들과 거의 연락을 하지 않았다고 한다. 그런데 그곳에서 주님을 뜨겁게 만나는 사건이 있은 후, 심령에 많은 변화가 일어난 것이다. 가족의 영혼이 보였고, 기도를 하지 않을 수 없었다. 무엇보다도 부모님을 불쌍히 여기는 마음 때문에 눈물로 편지를 써 보냈다. 귀국해 보니 어머니는 오빠를 따라 제주도에 내려가시고, 아버지는 광주에서 혼자 기거하셨다. 자매는 무신론자인 아버지를 먼저 전도해야겠다는 마음이 들어 전도콜센터를 찾아왔다고 했다.

우리는 매 주일 만나 중보기도를 했다. 2007년 7월 아버지가 사시는 광주에 내려가 복음을 전하기로 했다. 자매의 부친은 비록 혼자 사시지만, 집 안을 말끔하게 치우고 열심히 사는 분같이 느껴졌다. 하루 전날 광주로 내려간 자매는 우리가 온다는 소식을 아버지께 말씀드렸다. 하지만 그분은 우리를 보고 불청객처럼 대하며 다소 부담스러운 표정을 지으셨다. 복음을 전했더니 "여기까지 오신 것은 고맙지만 나는 나 자신을 믿소" 하며 거부하셨다. 아마 아들과 부인이 증산교에 빠져 제주도에까지 이사 간 것 때문에, 어떤 종교도 믿고 싶지 않은 것 같았다. 또한 자신이 열심히 살며 노후대책을 해야 한다는 생각 때문에 쉽게 마음 문을 열지 못했다. 자매가 절박한 심정으로 아버지 팔을 붙들고 "아버지를 위해 저분들이 여기까지 KTX를 타고 오셨어요"라고 외쳤다. 아버지는 반강제적으로 영접을 하셨다. 마음이 아직 열려 있지 않은 상태에서 문을 억지로 열게 하고 들어간 복음이 무슨 효력이 있을까? 나는 집으로 돌아오면서 허탈감과 실망감에 휩싸였다. 그러나 주님이 계속 기도하고 기다리면, 다시 기회가 있을 것이란 마음을 주셨다.

그 후 자매는 선교지에 나가 있어서 아버지와 공백 기간이 있었다. 5년 후 우리는 한국에 다시 돌아온 자매를 만났다. 이번엔 아버지에게 복음을 전하지 말고 아버지 말씀을 많이 경청하는 전략을 짰다. 아버지를 서울로 올라오게 하고선 신앙서적과 남성화장품을 선물로 준비해 갔다. 구면인지라 인사를 하니 반갑게 맞아 주셨다. 식사를 하면서 아버지의 이야기에 귀를 기울였다. 평소에 독서를 좋아해서 역사 이야기를 많이 하셨다. "우리가 정말 배울 것이 많네요. 이런 말씀들을 젊은 사람들에게 많이 알려야 할 것 같습니다" 하면서 찬사를 아낌없이 보냈다.

"난 비록 혼자 살지만 누구의 도움도 없이 연금으로 떳떳하게 산다오."

"정말 현명하시네요. 우리도 그런 점을 본받고 싶어요."

어느 누구도 당신을 인정해 주지 않았는데, 우리의 호응에 신이 나신 것 같았다.

"그런데 아무리 경제적으로 해결돼도, 인생은 외롭고 공허하며 행복이 없지요?"

우리가 던진 질문에 그분은 "사실 무척 외로울 때가 많습니다"라고 속내를 털어놓았다. 우리는 어르신 마음이 열린 것을 확인하고 자연스럽게 복음을 전했다. 아버지는 "내가 이번에는 진심으로 한번 다가가 보겠소"라며 예수님을 영접하셨다. 화장품을 선물로 받아 보기는 처음이라며 무척 감격해하셨다.

그 후 얼마 지나지 않아 연락이 왔다. 평소 알고 지내는 집사님의 인도로 교회에 나가신다는 기쁜 소식이었다. 그러더니 구역예배와 새벽기도까지 참석하셨다는 이야기까지 들려왔다. 어르신은 한 번씩 서울로 올라오면 우리와 만나 교제하셨다. 요즈음은 성경 필사를 하고 있는데, 예수님의 사랑을 더 느끼게 된다고 하셨다. 아내도 증산교에서 나와 예수님 안에서 화해가 이루어지도록 기도하고 있다고 했다. 우리는 어르신의 가정을 위해 지금도 기도하고 있다.

"우리가 선을 행하되 낙심하지 말지니 포기하지
아니하면 때가 이르매 거두리라" 갈 6:9

복음을
움직이는
관계의 힘

우리는 보이지 않는 끈으로 연결되어 있다. 그것이 바로
관계이다. 나무는 혼자 서 있어도 나무이고, 돌은 혼자 서
있어도 돌이다. 반면에 인간은 혼자서는 결코 인간이 될
수 없다. 관계 속에서만 존재하기 때문이다.

레이먼드 조(Raymond Joe)의 《관계의 힘》이란 책에 나오는
말이다.

사람은 본래 하나님과 교제하며 행복하게 살도록 창조되었다. 그런데 죄로 말미암아 하나님과의 관계, 인간관계가 깨어져 문제가 생겼다. 전도훈련은 '관계훈련'이라고 해도 과언이 아니다. 복음을 전할 때 대상자와의 관계가 좋으면 전도는 쉽게 이루어진다. 그러나 관계가 잘 되어 있지 않으면 같은 복음이라도 마음을 닫아 버려 전도가 어렵다. 복음은 관계를 통해 움직이기 때문이다. 전도자는 먼저 관계 전문가가 되어야 한다. 관계는 능력이고 실력이다.

탁월한 관계 전문가는 예수 그리스도이시다. 예수님이 삭개오를 전도할 때 특별한 복음 제시는 없었지만, 회심하는 변화가 있었다. 그것은 바로 관계의 힘에서 나왔다. 예수님이 그의 필요를 정확히 아셨다. 많은 것을 소유하고 권력도 가졌지만 그가 누구보다 외로움과 인생의 목마름을 안고 있다는 걸 간파하시고 친구로 다가가셨다. 또한 삭개오로 하여금 자신이 특별하다고 느끼게 만드셨다. 뽕나무에 올라간 그를 쳐다보시고 "…삭개오야 속히 내려오라 내가 오늘 네 집에 유하여야 하겠다"(눅 19:5)고 하셨다. 삭개오의 이름까지 알고 그의 이름을 불러 주셨다. '어떻게 저분이 내 이름을 아시지?' 삭개오는 그 순간 얼마나 감격했을까? 이처럼 대상자의 필요를 알고 그의 이름을 부르면서 친구로 다가갈 때 관계가 잘 형성된다. 관계의 힘은 복음 제시의 힘만큼 중요하다. 인생 친구 있는가? 그러면 됐다. 내 마음을 알아주는 친구 한 사람만 있으면 사는 게 힘들다고 스스로 목숨 끊는 일은 없을 것이다. 평소에 좋은 관계를 유지하고 있으면, 인생의 태풍이 갑자기 몰아칠 때 복음이 쉽게 들어간다.

사업을 하는 50대 여성이 암이 재발되고 전이되어, 죽음을 준비하고 있었다. 그녀는 평소에 적극적이고 긍정적인 성격으로 하나님을 찾을 이유가 없었다. 더군다나 그리스도인에 대한 좋지 않은 시각도 가지고 있었다. 누군가가 자기에게 전도를 하면 "내 절친한 친구가 전도해도 안 받아들이는데, 당신이 말한다고 내가 믿겠느냐?"며 일언지하에 거절하는 사람이었다. 그런데 그 절친한 친구가 투병 기간 동안 날마다 입에 맞는 음식을 해오고 사랑으로 끊임없이 섬겼다. 자신이 전도를 하면 부담스러워할까 봐 전도콜센터에 요청을 해왔다. 병원을 방문했더니 병색이 짙으면서도 쾌활하고 솔직했다. "예수 믿는 사람 욕 많이 했는데 이제 와서 믿으려니 염치가 없네요. 친구를 봐서라도 기독교를 믿어야 하는데 사실 종교를 받아들이려면 시어머니가 믿었던 가톨릭이나 불교를 믿고 싶어요"라고 말했다. 솔직한 성품의 소유자였다.

비판한다는 것은, 당신들은 적어도 세상과 달라야 하지 않느냐라는 기대감 때문임을 이야기하며, 그 마음을 충분히 이해하고, 예수 믿는 사람으로서 송구하다면서 공감을 해 주었다.

"우리 친구나 권사님 같은 분은 제외입니다. 그냥 제 생각을 얘기했을 뿐이고, 너무 솔직한 게 제 흠이죠"라고 그녀는 말했다.

"제가 기독교를 믿으라는 말을 하려고 이곳에 온 것이 아닙니다. 다만 사장님을 만드신 하나님을 만나도록 도와주고 싶어서 왔어요. 배가 자기 힘으로 바다에 떠 있는 것 같지만 물의 힘으로 떠 있듯, 우리 인생도 내 힘으로 사는 것 같지만 하나님의 힘으로 살고 있지요"하면서 나는 천천히 그녀에게 복음을 전했다. 죽음을 앞둔 환자답지 않게 여유를 부리던 그녀의 얼굴이 사뭇 진지해졌다. 복음을 다 듣고 나더니 그녀는 예수님을 영접하겠다고 했다.

"예수 믿는 사람들 욕하던 내가 예수쟁이가 됐네"하면서 그녀 특유의 말로 좌중을 웃겼다. 가족이 보는 앞에서 병상세례도 받았다. 두 달 후 기독교 장례가 치러졌을 때 조문객들이 "장 사장이 언제 예수 믿었지?" 하며 놀라워했다. 그녀의 남편은 자기도 기독교에 입문하겠다고 인사를 했다. 그녀의 자녀들이 방황하지 않도록 그녀의 친구가 엄마 대신 상담

역할을 해 주었고, 지금은 대학부 예배 공동체에 소속되어 신앙생활을 잘하는 결실을 맺었다.

이런 사례를 보면, 친구가 끝까지 주님의 사랑으로 돌보고 함께 있어 주며 기도했기에 전도가 가능했음을 깨닫게 된다. 복음은 관계를 통해 이루어진다. 관계가 잘 형성될 때 복음의 능력이 더 잘 드러난다.

평소 전도가
위기 때
빛을 발한다

병원 전도를 하다 보면 1인실 병실에 들어가기가 가장 조심스럽다. 환자가 사람들로부터 방해받지 않고 조용히 지내고 싶어 비싼 입원료를 내고 입원해 있기 때문이다. 그래서 단독 병실에 들어갈 때는 꼭 복음을 들을 준비가 된 분을 만나게 해 달라고 특별히 기도를 많이 한다.

이렇게 기도로 무장한 어느 날 오후, 단독 병실 문을 노크했다. 70대 후반인 환자가 몹시 힘들어하는 모습으로 눈을 감고 누워 있었고, 환자의 아내와 딸이 병상을 지키고 있었다. 나는 살며시 전도지를 두고 가려다가, 환자분 아내의 손을 말없이 꼭 잡아 드렸다. 그랬더니 가족들은 믿지 않지만, 자기는 온누리교회 초창기부터 출석해 온 비등록 교인이라고 했다. 교회에 등록을 하지 않은, 이른바 안개 공동체에 속해 있었던 것이다. 남편이 건강하게 지내다가 갑자기 석 달 전에 급성 췌장암이 발견되어 지금은 소생할 가망이 없다고 그녀는 체념한 듯 담담하게 말했다. 나는 가까이 가서 말씀을 드려 봐도 괜찮은지 부인에게 의향을 물었다. 그녀는 남편의 전도를 허락했다. 그런데 옆에 있던 딸이 가로막았다.

"아빠가 그렇지 않아도 힘들어하는데, 왜 아빠가 평소에 싫어하는 것을 하게 하세요?"

"선생님께 여쭤 보고 원하시지 않으면 그만두겠습니다."

나는 이렇게 말하고 환자 가까이 다가갔다. 환자는 옆으로 고개를 돌리고 있었지만, 얼굴엔 기품이 있어 보였다.

"선생님, 힘드시죠? 이 상황에 저의 말이 무슨 위로가 되겠습니까? 그런데 꼭 한 가지 말씀드릴 게 있습니다" 하면서 이렇게 선포를 했다. "병이나 죽음이 선생님을 붙들고 있는 것이 아니라, 하나님이 선생님을 붙들고 계십니다."

그랬더니 환자가 고개를 내게로 돌렸다. 듣고 싶다는 사인을 보내 왔기에, 나는 기회를 놓치지 않았다.

"지금까지 가족을 위해 열심히 살았는데 무슨 죄가 있기에 이런 몹쓸 병에 걸렸나 하는 생각이 드시죠?" 했더니, 그분은 고개를 끄덕이며 응대하셨다.

"선생님의 죄가 큰 것이 아니라, 하나님의 사랑이 더 큽니다. 하나님을 만날 수 있는 기회가 온 것입니다. 제가 그 하나님을 잠깐 소개해도 될까요?"

나는 그 환자분께 복음을 전했다. 환자는 복음을 스펀지처럼 받아들였다. 예수님을 믿겠다고 영접기도를 따라 하면서 눈물을 흘렸다. 나는 낫을 기다리고 있는 무르익은 곡식을 보는 것 같아 정말 기뻤다. 뒤에서 지켜보던 모녀도 뜻밖의 환자 반응에 입을 다물지 못했다. 나는 환자에게 축복기도와 함께 축복송을 불러 드렸다. 내 생각엔 환자가 병상에 있을 때 병상세례를 받는 게 좋을 것 같았다. 그래서 결혼할 때 결혼식을 올리듯, 하나님의 자녀가 되기로 가족들 앞에서 서약하는 세례를 병상에서 받으면 좋겠다고 말씀드렸다. 환자는 속히 받고 싶다고 주저 없이 말했다.

나는 병원의 원목이신 이경희 목사님께 상의를 했다. 목사님은 달려와서 환자를 보시더니, 상태가 위급한 것을 알고 다시 복음을 재확인하고 세례문답을 한 후 세례예식을 베풀었다. 불과 몇 시간 안에 이뤄진 일이었다.

　그분은 사흘 뒤에 소천하셨다. 기독교장으로 해 달라고 유족들이 부탁을 했다. 고인은 전직 육군 소장이어서 장지가 현충사라고 했다. 입관예배를 드릴 때, 찬송을 함께 부를 성도가 없을까 봐 전도콜센터의 사역자들이 함께 예배의 자리에 동석했다. 그런데 우리의 기우와는 달리, 입관예배 때 찬송 소리가 영안실에 가득 울려 퍼졌다. 알고 보니 고인의 친인척 중에서 장로님과 권사님 등 직분자들이 많이 있었던 것이다. 이렇게 교회의 직분을 가진 분들이 고인 주위에 포진해 있었는데, 왜 고인이 병상에 있을 때 전도를 하지 않았을까? 나는 놀라기도 하고, 한편으로는 의아했다.

　아무리 신앙의 연륜과 교회를 향한 충성심이 깊어도 평소에 전도를 해보지 않으면, 막상 전도의 기회가 와도 어떻게 할지 몰라 때를 놓치고 만다. 또한 전도 대상자가 사회적으로 지위가 있거나 집안에 영향력이 있고 법 없이도 사는 사람이라고 존경받는 분이라면, 감히 전도를 시도하는 것조차 두려워한다. 바로 이런 경우에 속하지 않았을까 혼자 생각했다.

　장례식에 온 조문객들 중에 "장군께서 언제부터 예수님을 믿었지?" 하며 놀라는 사람도 있었다. 고인은 군인들의 에스

코트를 받으며 장지에 묻혔고 찬송가가 현충사 경내에 울려 퍼졌다. 하나님이 하시는 일은 정말 기이하고 놀랍다. 병실에서 전도를 방해했던 딸이 내게 고맙다고 하면서 용서를 구했다. 나는 그 따님을 살포시 안아 주었다. 자신도 어머니와 함께 교회에 다니겠다고 했다.

고인의 유품을 정리하다가 서랍에 넣어 둔 편지를 발견했다면서, 고인의 아내가 내게 말했다. 아내와 자녀들에게 고맙다는 인사와 당부가 각각 쓰여 있었고, 마지막 종이에는 "죽음 후 나는?"이라는 메모를 남겼다고 했다. 그녀의 남편이 입원해 있다가 집에 며칠만 있었으면 좋겠다는 얘기를 했다고 한다. 이때 신변 정리를 하면서 자신이 죽은 후에는 어떻게 되며 어디로 갈 것인가를 고민한 것이다.

이 세상에서 아무리 선하고 바른 삶을 살았다고 자신하는 사람이라도 죽음 앞에서는 정직해진다고 한다. 내가 죄인인 것을 알고 두려워하는 것이 인간의 본성인 것이다. 인간의 한계와 약함, 절망을 느낄 때가 전도의 타이밍이다. 우리 주변에 주님을 믿지 않는 가까운 사람이 죽음을 앞두고 있다면, 기회를 놓치지 말고 복음을 전해야 한다. 반드시 그는 나를 기다리고 있다. 당신이 복음을 전해 주지 않아서 듣지 못했고, 듣지 못해서 믿지 못했다고 외친다면, 나는 할 말이 없

다. "교회의 다른 사역으로 바빠서 전하지 못했다", "복음을
전해 보지 않아서 어떻게 전해야 할지 자신이 없었다"라고
변명하지 말고, 전도 훈련을 받는 것이 필요하다. 미역국도
평소에 많이 끓여 봐야 잘 끓이는 것처럼, 평소에 전도를 해
보면 위기 때도 잘 전할 수 있다. 평소에 실력을 쌓아 놓으면
위기 때 빛을 발한다. 위기 때 나오는 실력이 평소 실력이다.

당신에게는
'삼관오림'이
있는가?

'삼관오림.' 이 말은 귀화 외국인 이참 씨가 2009년 한국관
광공사 사장으로 부임하면서 내세운 경영철학이다. 삼강오
륜에서 따온 삼관오림은 '관찰', '관심', '관계'의 삼관과 '떨
림', '끌림', '어울림', '울림', '몸부림'의 오림을 의미한다. 삼
관을 실천하면서 오림, 즉 여러 가지 감성적 요소가 가미되
어야 제대로 된 상품이 나온다는 그만의 철학을 담아 낸 것
이다. 나는 이 삼관오림이야말로 복음 전도자가 갖추어야 할

자세와 매우 닮아 있다는 생각을 해보았다.

삼관!

전도를 하려면 우선 하나님의 관심이 누구에게 있는가를 먼저 살펴야 한다. 하나님은 길을 잃고 방황하는 당신의 자녀를 찾으신다. 마음이 상하고 낮아진 사람에게 주님의 시선이 머물러 계신다. 전도자는 이 관점으로 주변 사람들을 세심히 살필 줄 아는 눈이 있어야 한다. '관심'을 두지 않으면 보아도 보이지 않고 들어도 들리지 않는다. 내가 그에게 관심을 기울일 때, 비로소 보이기 시작한다. 그가 무엇을 중요하게 생각하는지, 주님 앞으로 나오는 데 걸림돌이 무엇인지, 그가 무엇을 잃어버리고 놓쳤는지 등의 '관찰'이 뒷받침돼야 한다. 관심을 갖고 관찰하면 '관계'를 형성하기 쉽다. 관찰은 관계의 연결고리이다. 그가 고민하고 갈등하는 부분을 진정성 있게 건드려 주면, 길 잃은 그 자리에서 일어나 진리이신 주님을 따라나서게 된다.

오림!

전도자는 '떨림'이 있어야 한다. 가슴 뛰는 삶을 사는 사람은 눈빛부터 다르다. '저 사람은 뭔가 우리와 다른 존재의 이유가 있구나'라고 느끼면서 전도자의 삶을 보는 것만으로도 새로운 소망을 품게 된다.

전도자에게는 또한 '끌림'이 있어야 한다. 쇠붙이가 자석에 끌려오듯, 매력적인 사람 주변에는 사람들이 몰려들게 마련이다. 상대에게 호감을 주는 환한 얼굴과 밝은 표정 등 매력적인 인상을 상대방에게 주는 것이 절대적으로 중요하다. 전도자의 얼굴은 곧 명함인 것이다. 지금 입고 있는 옷이나 말하는 것, 행동하는 모든 것이 보이지 않는 명함이며 전도지다. 따라서 호감 가는 이미지와 스타일을 무시할 수 없다. 외모가 깔끔하다는 것은 자기 관리가 철저하다는 뜻이다. 그러나 스타일을 결정하는 것은 단지 옷이 아니라 태도(attitude)에 달렸다. 무턱대고 낮은 자세로 굽실거리는 것은 결코 겸손이 아니다.

처음 병원 전도를 할 때, 나는 환자 앞에서 미소를 짓거나 당당한 모습을 보이는 것은 아픈 분에게 결례라고 생각했다. 왠지 건강한 자신이 미안한 마음이 들어서 걱정스런 태도를 보여 줘야 공감하는 줄 알았다. 그러나 아픔에 눌린 그들에게는 환한 미소와 희망을 주는 눈빛이 더 절실함을 알게 되었다. 이후부터 나는 병실을 방문할 때, 살짝 미소를 지으며 조심하지만 당당한 모습으로 들어간다. 밝고 화사한 컬러의 옷을 입는다. 그랬더니 "환한 모습을 보니, 내 마음이 밝아져요"라는 말을 많이 들었다.

매력은 얼굴이 예쁘고 잘생긴 것에 있지 않고 표정과 태도에 달려 있다. 나는 세월이 갈수록 깊어지는 주름보다 꽃처럼 아름다운 표정을 짓는 것에 더 관심을 갖는다. 또한 배려가 없는 매력은 무용지물이다. 가까이 있는 사람을 챙겨 주지 않고 배려하지 않는다면, 곁에 계신 하나님을 잊은 것이나 다를 바가 없다. 배려하는 태도가 우리의 매력을 더해 준다.

전도자는 '어울림'이 있어야 한다. 세상과 구별된 삶을 살되 그들과 조화를 이루는 것이 중요하다. 그들과 소통하기 위해서는 말씀 묵상과 기도, 독서 등으로 자신의 몸집을 키워야 한다. 나는 주님의 은혜를 받고 처음에는 성경말씀과 기독교 서적 등만 읽었다. 그런데 이웃에게 복음을 전하려면 먼저 그들을 알아야 하겠기에, 그들과 소통하기 위해서 인문학 책도 읽어야 한다는 것을 깨달았다. 나는 《금방 까먹을 것은 읽지도 말라》는 장경철 교수님의 책을 오래전에 읽었지만 잘 잊히지 않는다. 적게 읽을지라도 많은 생각을 하면서 읽은 자료를 반복하고 축적하며 발효시켜 활용하면 기적이 일어난다고 했다. 독서는 다른 세계를 들여다보는 창이어서 복음과 연결시켜 읽기 시작했다. 전도에 인문학이라는 옷을 입혀 접근하면, 대화가 원활하게 이루어지고 결국 '복음이 답이다'라는 결론에 이르게 된다.

전도자는 '울림'이 있어야 한다. 우물이 얼마나 깊은지는 돌멩이를 던져 보면 안다. 누군가의 말 한마디에 흥분하거나 흔들리지 않고 깊은 우물처럼 마음의 깊이가 있어야 한다. 그러기 위해서는 전도자는 자기 분야의 전문성을 갖출 필요가 있다. 이 세상에 프로 아닌 직업은 없다. 프로 의식을 갖고 직업에 임한다면, 반드시 조언을 구하는 사람이 있다. 이때 자신의 전문성으로 도움을 주어 신뢰를 얻은 뒤 자연스럽게 복음을 전할 수가 있다.

누구나 생계를 위해 일한다. 그런데 이 일에 매이고 치여 죽는 사람도 있고, 그 일을 통해 제대로 쓰임 받는 사람도 있다. 내가 돈을 벌고 일하는 이유가 복음을 전하는 통로가 되기 위해서여야 한다. '일 따로 복음 따로'가 아니라, 무슨 일을 해도 복음과 연결시키는 것이 중요하다. 자기가 하는 일에 전문성을 갖추면, 복음을 전할 기회가 많을 뿐만 아니라, 당연히 듣는 사람의 가슴이 울릴 것이다. 승률도 그만큼 높아진다.

마지막으로 전도자에겐 '몸부림'이 있어야 한다. 어떻게 하면 하나님의 마음을 잘 전할까를 놓고 주님 앞에 엎드려 성령님의 도우심과 지혜를 구하는 몸부림이 필요하다. 비록 약하고 평범한 사람이라도 복음에 붙잡혀서 몸부림치며 꾸준

하게 실천할 때, 서서히 탁월한 전도자로 세워진다는 것을
기억하자.

당신에게는 '삼관오림'이 있는가?

/ 3부 /

전도 레시피 3

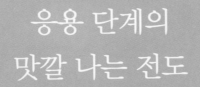

응용 단계의
맛깔 나는 전도

탈북자나
이주민들에게
꿈을 심어 주라

《북한 선교의 마중물 탈북자》라는 책을 쓰신 조요셉 목사
님은 그의 저서에서 "약 3만 명의 탈북자 뒤에는 2천만 명이
넘는 북한 동포들이 있다"고 피력했다. 우리가 북한에 들어
가서 복음을 전하기 어렵기 때문에, 하나님께서 탈북자들을
우리에게 보내 주셨다는 조 목사님의 논조에 전적으로 동감
한다. 우리는 그들을 통해 그들의 사고와 행동방식을 배워야
한다. 탈북자 복음화에 성공하면, 북한 선교도 효과적으로 할

수 있다. 탈북자에 대한 이해가 곧 북한 주민과 북한 사회에 대한 이해이기 때문에, 탈북자 전도의 중요성은 아무리 강조해도 지나치지 않다.

우리 교회 전도학교는 사역의 지경을 넓혀 탈북자 교회에서도 전도훈련을 하여 그들이 탈북자들을 전도하는 꿈을 갖고 있었다. 마침 전도 훈련생 가운데 탈북자 교회를 10여 년 섬겨 온 유 집사님이 있었다. 그녀는 탈북자들이 운집한 지역에서 화장품 가게를 경영하고 있다. 나는 탈북자들이 어떨 때 마음을 잘 여는지가 궁금했다.

그녀의 말에 따르면, 탈북 여성들은 자신의 속내를 잘 드러내지 않는다고 한다. 대개 중국이나 제3국을 통해 들어왔기 때문에, 오는 도중에 끔찍한 일들을 겪은 상처가 있어 비밀에 붙여 두고 싶어 한단다. 그런데 남한 사람들은 그들의 사정과 경위에 대한 궁금증이 많아서 이런저런 질문을 한다. 그것 때문에 마음이 상한 그들은 좀처럼 마음을 열지 않게 된다. 유 집사님은 탈북 여성이 자신의 가게에 와서 화장품을 구매할 때 얼굴이 밝아지는 것을 목격하고는 그들이 탈북자이기 전에 한 여성이고 외모에 관심이 많은 것을 알았다. 그래서 집사님은 단순히 화장품만 판매하지 않고, 그들에게 화장하는 법까지 친절하게 가르쳐 주었다. 그것이 입소문이

나서 탈북자들이 많이 찾아온다고 했다. 그들이 먼저 마음을 열기 전까지 어떻게 남한에 오게 되었는지, 가족 상황 등 개인의 사생활은 전혀 묻지 않았다. 대신 남한 생활을 하면서 모르거나 불편한 점이 있으면 유용한 정보나 도움을 주었다. 가끔 힘든 모습으로 찾아올 때는, 얼굴 마사지를 해 주며 쉬어 가도록 배려했다. 태어나서 한 번도 그런 대접을 받아 본 적이 없었던 그들은 자신도 모르게 마음을 활짝 열게 된다고 한다. 그리고 자신이 어떻게 남한으로 넘어왔는지 집사님에게 술술 털어놓는단다. 집사님은 그들의 말을 경청하며 공감해 주었고, 철저히 비밀을 지켜 주었더니 자연스럽게 친구가 되었다고 한다.

나는 이 이야기를 듣고 관계전도, 특히 탈북자 전도는 먼저 친구가 되어 주며, 그들의 필요를 읽어 주는 것과 그들의 사연에 대해 비밀을 지켜 주는 것이 중요함을 알게 되었다.

양천구에 소재한 탈북자 교회에 전도팀들이 가서 함께 예배를 드렸다. 아기와 어린아이, 청소년, 청년, 장년이 다 모여서 찬양을 부르며 말씀과 기도로 뜨거운 교회였다. 예배를 드린 후, 그들이 만들어 온 음식을 나누면서 가족 같은 분위기로 이야기를 나누었다. 오후 시간에는 전도학교에서 훈련하는 커리큘럼을 4주로 압축하여 진행했다. 그들은 강의는 잘 들었지만, 전도 전문을 암기하는 훈련엔 반응을 잘 하지 못했다. 그들은 가르친다는 느낌을 받으면 피하려는 심리가 있다는 담당 전도사님의 이야기가 적중했다. 북한에서 많은 사상교육을 받았기에, 그런 상처가 있는 듯했다. 조별로 나누는 시간에도 그들은 입을 닫고 있었다. 서먹한 분위기를 깨기 위해 어떤 말을 할까 고민하다가, 내가 평소에 강의할 때 던지는 질문인 "꿈이 뭐예요?"라는 말이 생각나서 나는 한 자매에게 물었다. 그랬더니 그녀가 기다렸다는 듯이 "난 최고의 바리스타가 되는 게 꿈이에요. 남북한 사람 관계없이 굶는 사람 500명을 먹여 살리고 싶어요"라고 말했다. 그러면서 자매는 반짝이는 눈빛으로 지금도 열심히 바리스타 교육을 받고 있다고 말했다. 그제야 자신의 꿈들을 말하며 대화가 되기 시작했다.

나는 이 사건을 통해 탈북자나 이주민들에게 복음을 전하는 접촉점이 그들에게 '꿈과 비전'을 심어 주는 방향으로 전환되는 것이 필요함을 알게 되었다. 과거의 상처나 현재의 삶에 차별이나 소외당하는 것에 묶여 있는 그들에게, 미래에 이루어질 꿈을 갖도록 눈을 뜨게 해준다면 가슴 뛰는 삶을 살 것이다. 그들은 자신뿐 아니라 자녀들의 교육에 대한 고민도 떠안고 있다. 부모가 먼저 꿈을 가져야 자녀들도 꿈을 꾼다.

어느 날 나는 네팔에서 온 외국인 노동자 타망과 이야기를 나눌 기회가 있었다. 그의 꿈은 '한국에서 돈을 많이 버는 것'이라고 했다. 나는 그 목표를 이룬 다음 무엇이 되고 싶으냐고 물었다. 그는 바쁘게 사느라 그런 것을 생각해 본 적이 없다고 했다. 고국에 돌아가서 집도 마련하고 자녀도 키워야 하는데, 이곳에서 일하는 것이 힘들어 걱정이라고 했다. 타망의 이야기를 진지하게 들어 준 뒤 나는 천천히 입을 뗐다.

"하나님께서 타망을 한국에 보내신 이유가 있어요. 단순히 돈을 벌기 위해 온 것 같지만, 하나님께서는 당신을 위해 놀라운 계획과 꿈을 갖고 있어요. 그것을 발견한다면, 이곳에서도 잘 견딜 수 있을 뿐만 아니라, 하나님이 꿈을 이루도록 도와주실 거예요."

"사실 교사가 되는 게 제 꿈이었는데, 잊고 지냈어요. 다시 그 꿈을 위해 이곳에서 시간을 내어 온라인으로 공부를 시작해 보겠어요."

그는 복음을 받아들였고, 이곳에서 교회에 나가겠다고 했다. 나는 탈북자나 외국인이나 할 것 없이 꿈과 함께 복음을 터치해 주는 것이 중요함을 깨달았다.

나는 이들에게 '요리도 배우고 복음도 듣고', '화장도 배우고 복음도 듣고', '진로코칭도 받고 복음도 듣고' 등의 '찾아가는 전도 교실'을 열기 위해 기도하고 있다. 우리 가운데 직업을 통해 전문성을 가진 전도자들이 많다. 이들이 가진 전문성을 동원하여 탈북자들과 이주민들을 섬긴다면, 선교의 마중물인 이들이 예비 선교사가 되는 꿈에 한 발짝씩 다가가게 될 것이다.

신뢰와 우정을
쌓으면 무슬림
전도도 가능하다

"한국 교회가 무슬림 전도를 하지 않아서 하나님이 무슬림
들을 한국으로 불러들여 우리 앞마당에 데려다 놓으셨다."

모 선교사님이 어떤 자리에서 한 말이다.

"전도는 곧 삶이고 숨 쉬고 있는 동안에도 전도의 엔진은
계속 가동되어야 한다"면서 전도에 열을 올리는 이정옥 집사
님이 있다. 어릴 적부터 몸이 약했던 그녀는 오랜 세월 무거
운 가방을 메고 전도지를 나눠 주며 복음을 전했다. 그로 인

해 어깨 인대가 파열됐고 족저근막염까지 생겼다. 치료를 받고 있지만, 통증이 쉽게 가라앉지 않아 힘들어하는 중에도 사람을 낚는 어부의 사명을 쉬지 않는다.

이 집사님은 "열방은 못 나가지만 한국의 열방으로 매일 나갑니다" 하면서 나에게 중보기도를 부탁한다. 호랑이를 잡으려면 호랑이굴로 가야 한다는 속담처럼, 집사님은 대학교 캠퍼스에도 들어간다. 다음은 이 집사님의 간증이다.

어느 날 E대학 캠퍼스에서 멀리서 걸어오는 히잡을 쓴 여인을 만났는데, 그녀에게 눈길이 갔다. 순간 "성령님! 어떻게 접근할까요?"라고 묻는데, 사진을 같이 찍으라는 마음을 주셨다. "난 외국인을 좋아해요. 외국인과 사진 찍는 걸 좋아하는데, 같이 한 장 찍을래요?" 했더니 그녀가 흔쾌히 응했다. 잘 나온 사진을 보여 주며 서로 웃었다. 내가 먼저 차 한 잔 사겠다고 했더니, 역시나 그녀가 시원하게 승낙했다. 우리는 대학 내 카페에서 함께 차를 마셨다. 이런저런 이야기를 나누다가 나는 간증으로 복음전도를 시도해 보았다.

대학교수인 그녀는 예의 바른 태도로 자기는 무슬림이라고 말하며 정중히 거절했다. 하지만 이것을 계기로 그녀와 나는 친구가 되었다. SNS로 안부를 물으며 기도해 주고 재미있는 사진들을 보내 주며 우정을 쌓아갔다. 복음에는 마음을 열지 않았어도 진실한 마음으로 다가가니, 그녀는 마음을 열고 자신의 고민을 의논하기도 했다.

그러던 중 그녀의 남자친구가 혼수상태에 빠지는 일이 일어났다. 내게 사고소식을 알려 주었다. 중환자실에서 혼수상태에 있는 남자친구를 위해 나는 중보기도 동역자들과 함께 간절히 기도했다. 그런데 정말 하나님의 은혜로 기적이 일어났다. 남자친구가 3개월 만에 눈을 뜨고 조금씩 회복되기 시작한 것이다. 그녀는 나와 그리스도인 친구들의 기도에 진심으로 감사하다고 말했다. 하지만 그들은 여전히 자신의 신이 살려 준 것이라는 믿음을 버리지 않았다. 안타까웠지만 그리스도인 친구들에 대해 우호적인 마음을 갖게 된 것만으로도 주님께 감사드렸다. 그리스도인에 대해 적대적인 감정을 갖고 있는 무슬림들이 많이 있기에 계속 사랑의 교제를 통해서 그녀의 마음이 열리는 날이 오리라 믿으며 기도하고 있다.

어느 날 주님은 그녀에게 성경을 선물하라는 마음을 주셨다. 한영성경을 보면 한글을 쉽게 배운다고 말하면 그녀가 자연스럽게 받을 것 같았다. 다른 선물과 함께 성경책을 주었더니 거부감 없이 오히려 고마워하며 성경을 읽어 보겠다고 했다.

이제 그녀는 자신의 나라로 돌아갔다. 물론 성경책도 갖고 갔다. 지금도 그녀와 SNS로 교제를 나눈다. 그녀가 성경을 읽고 주님께로 돌아오기를 기도하면서 말이다.

우리나라는 이제 200만 명의 외국인들이 함께 살아가는 열방선교의 황금어장이 되었다. 주님은 열방이 복음을 듣도록 계속 한국으로 그들을 초청하고 계신다. 이주 노동자들은 어느 정도 한국말을 이해하고 말한다. 이 또한 그들이 복음을 듣고 주님께로 돌아오게 하는 하나님의 사전 작업임을 확신한다.

한국말을 알아들을 수 있는 그들에게 적극적으로 다가가야 한다. 실제 복음을 전해 보면 주님을 받아들이고 복음에 마음을 여는 외국인들이 늘 예비되어 있음을 경험한다. 타향살이에 힘겨운 그들에게 환한 미소와 작은 선물, 따뜻한 말 한마디로 다가가면 무슬림이라 할지라도 적대적인 태도를 갖지 않는다는 것을 알게 된다. 오히려 교회에서 의료 봉사, 미용 봉사, 한글 봉사, 비자 상담 등을 해준다고 하면, 고마워하며 마음을 쉽게 연다.

•

이 집사님처럼 외국인 전도를 하다가 특별히 마음이 가는 사람이 있으면, 연락처를 주고받는 것도 좋은 방법이다. 대체로 그들은 나의 전화번호를 먼저 알려 주면 자신의 전화번호도 알려 준다. 전도 이전에 그들의 친구가 되어 주는 것이 필요하다. 특히 무슬림 전도는 신뢰와 우정을 적금 넣듯 쌓아 두고 조급해하지 않는 것이 중요하다. 평소 행동을 통해 호감과 진정성으로 다가가야 한다. 전도는 시간이 걸리기 때문이다.

하나님께
나아가는 최상의
제사를 드리라

예수를 믿고 싶어도 제사 문제가 걸려서 망설이는 젊은이
들이 있다. 또한 명절이나 기일이 되면 제사 문제로 갈등하는
그리스도인이 많다. 나는 그들을 위해 명쾌한 답을 주고 싶다.

"…그는 우리를 위하여 자신을 버리사 향기로운
제물과 희생제물로 하나님께 드리셨느니라"

엡 5:2

163

기독교는 제사를 안 지내는 것이 아니다. 기독교야말로 제사의 종교이며, 성경은 제사의 책이라 해도 별반 틀리지 않다. 제사는 인간이 신에게 나아가는 길이요 방법이다. 하나님께 죄를 지음으로써 고통과 죽음 속에서 살 수밖에 없는 인간에게 하나님은 용서하시는 방법으로 제사를 가르쳐 주셨다.

부모를 공경하고 그 은덕을 기리는 것은 아름다운 일이다. 고생만 하시다가 돌아가신 부모님에 대한 안타까움과 그리움으로 혼백이라도 와서 음식을 잡수시고 위로를 받으시라는 이유로, 평소에 부모를 섭섭하게 해드린 죄책감 때문에, 지금까지 내려온 전통과 관습 때문에, 인간의 마땅한 도리이고 심적으로 위로가 되기에, 또 조상이 죽으면 자손에게 복을 내리고 지극정성으로 섬기면 지켜 주신다고 믿기에 제사를 드리는 이도 있다. 이처럼 제사 예식 뒤엔 여러 이유가 복합적으로 깔려 있는 것 같다.

최첨단 과학시대를 살고 있는 요즘 젊은 세대들은 기성세대에 비해 제사에 그다지 관심을 기울이지 않는다. 대신 불확실한 미래에 대한 두려움 때문인지, 오히려 사주카페, 점집, 참선 등 영적 세계에 관심이 많다. 이는 하나님께서 사람을 하나님의 형상으로 창조하시고, 하나님을 사랑하는 마음을 주셨기 때문이다. 그런데 하나님을 떠남으로 말미암아 방향을 잃어버렸다. 그래서 그 대용품을 찾아 경배하고 복을 빈다. 대상과 방향만 바뀐 것이다.

사람은 죽으면 다른 영적 세계로 격리된다. 성경을 보면 부자가 죽어 지옥에서 너무 고통을 받으니, 천국에서 아브라함 품에 있는 나사로를 세상에 보내어 자기 형제들에게 이 고통스러운 곳에 오지 않도록 부탁한다. 하지만 아브라함은 천국과 지옥은 건너갈 수도 올 수도 없으며, 설사 죽은 자가 살아나서 전한다 해도 권함을 받지 못할 것이라고 말한다(눅 16:19-31 참조).

현세와 내세는 오갈 수 없는, 차원이 다른 세계이다. 설령 돌아가신 혼령이 온다 해도 혼령은 음식을 먹을 수 없다. 오지도 못할 뿐더러 먹지도 못할 음식을 차려 놓고 절하는 것은 잘 알지 못해서 그렇게 하는 것이다.

생전에 능력 있게 살았던지, 무능력하게 살았던지 누구나 죽음 앞에서는 속수무책이다. 죽음 앞에 장사 없다. 그런데 죽음을 이기지도 못하는 그 사람이 죽으면 귀신이 되어 살아 있는 후손들을 좌지우지한다는 것은 어불성설 아닌가? 설령 그런 능력이 있다고 치자. 어느 부모가 밥 한 그릇 안 차려 준다고 자손에게 재앙을 내리겠는가? 부모는 내 목숨을 바쳐서라도 자식이 잘 되기를 바란다.

어떤 사람은 일이 잘 안 풀려 점을 보니, 돌아가신 분이 배가 고프다고 하면서 제사 드릴 것을 요구했다고 하고, 또 꿈속에 죽은 부모가 생시같이 나타나 배고프다고 했다고 한다. 이것의 정체는 돌아가신 부모가 아닌, 귀신의 장난이다.

조상 제사의 실상은 조상 혼령에 대한 예(禮)가 아니라, 귀신을 불러들이는 일이다. 돌아가신 부모는 귀신이 아니다. 귀신은 사람의 영혼을 도적질하고 죽이고 멸망시키려 하지만, 하나님은 생명을 주시되 풍성히 주시는 분이다(요 10:10 참조). 귀신에게는 축복권이 없다. 복을 주시는 분은 하나님이시다.

다시 처음으로 돌아가겠다. 제사는 사람에게 하는 것이 아니고, 죄인인 인간이 하나님께 나아가는 길이요 방법이다. 죄의 값은 죽음이다. 죗값을 치르기 위해서는 반드시 피 흘림의 제사가 필요했다. 그래서 양이나 소를 잡아 제물로 바쳤는데, 이것은 하나님의 아들이신 예수 그리스도께서 친히 이 세상에 오셔서 십자가에서 피 흘려 죽으심으로 제물이 되신 사건의 그림자였다. 이제 우리는 더 이상 애먼 양을 잡을 필요도 없고, 제사상을 차릴 필요도 없게 된 것이다. 다만 나를 위해서 십자가에서 죗값을 지불하신 예수님을 믿기만 하면, 하나님께 나아가는 최상의 제사가 된다. 예수 그리스도는 죽기를 무서워하여 일생 동안 귀신에게 매여 종노릇하는 자들을 놓아 주러 오셨다. 이제 후손으로 할 일이 있다면, 친히 자신의 몸을 버리고 제물이 되어 주신 예수님을 찬양하며 부모님을 통해 이 땅에 태어나도록 하신 하나님께 감사하는 일이다.

귀신에
시달리는 이를
예배의 자리로

어느 날 전혀 모르는 사람으로부터 전화가 왔다. 50대 중반의 여성인데, 자신이 만신으로 인해 고통당하고 있으니 도와 달라는 것이었다. 나를 어떻게 알고 전화했는지 물어봤다. 아는 분이 소개를 했는데, 귀신을 잘 쫓아낸다고 했단다. "나는 귀신을 쫓아내는 전문가가 아닙니다. 전화를 잘못한 것 같네요. 단지 나는 전도하는 사람이며 악한 것들에게 사로잡힌 자들을 풀어 주시는 예수님의 능력을 믿는 사람일 뿐입니다"라고 했다. 그래도 그녀는 나를 만나고 싶다고 했다. 그렇다면 수요일 교회에서 만나자고 했더니 흔쾌히 그렇게 하겠다고 했다.

그녀를 만나 봤더니 내가 가졌던 선입견과는 달리 단정한 매무새에 예의가 바른 분이었다. 하지만 그녀의 눈빛에는 두려움이 가득했다. 자신의 사연을 말하고 해결 받고 싶은 마음이 간절한 것을 알 수 있었다. 문제의 해결사는 주님이시지 내가 아닌 줄 잘 알기에 먼저 예배를 드리고 난 후에 얘기를 나누자고 하면서 본당으로 안내했다. 예배를 드린 후, 그녀는 조금 마음이 놓이는 것 같다고 말했다.

나와 마주한 자리에서 그녀는 자신의 사연을 풀어 놓았다. 시어머니를 따라 절에 나갔는데, 만신을 섬기는 이상한 곳이었단다. 시어머니께서 돌아가시자 그만 나가려 했다. 그런데 남편의 외도가 시작되었다. 그곳에 나가서 빌면, 남편의 외도가 좀 잠잠해지고 소홀히 하면 심해졌다. 그래서 자신도 모르게 점점 깊이 빠져들었다고 한다. 그런데 만신이 따라다니면서 갈수록 두렵게 했다. 환청, 소름 끼침, 고약한 냄새 등으로 견딜 수 없었다. 그날 나에게 올 때에도 "거기에 가면 다리를 부러뜨리겠다"는 환청이 들렸는데, 두려움을 무릅쓰고 나왔다고 했다.

한참 동안 그녀의 얘기를 들어 준 후에 복음을 전했다. 예수님을 구원자와 주인으로 영접하며 눈물을 흘렸다. 자신을 괴롭히는 나쁜 증상들은 예배를 드리며 말씀을 붙잡고 기도할 때 점차 사라진다고 하면서 매 주마다 함께 예배를 드리기로 했다.

그녀는 자신에게 징크스가 하나 있는데, 자기와 마음이 통하는 사람이 있어서 상담도 하고 교제를 하면 세 번을 넘기지 못하고 오해로 인해 사이가 틀어진다고 했다. 만신이 방해한다는 것이다. 그러니 제발 계속 자기를 만나 달라고 했다. 나는 그녀를 안심시키며 회복될 때까지 곁에서 힘이 되어 주겠다고 약속했다. 그녀는 두려움에 사로잡히거나 불면에 시달릴 때면 자주 내게 전화를 했다. 그럴 때마다 나는 기도를 해 주고 말씀을 암송하고 선포하게 했다. 그리스도인인 정신과 전문의와 상담하면서 약물치료를 병행하도록 권유하기도 했다. 다행히 점점 상태가 좋아졌지만, 때로는 다시 옛날로 돌아가 두려움과 나쁜 증상에서 벗어나지 못할 때도 있었다.

나는 이런 비유를 들려주면서 과거의 경험을 자꾸 묵상하지 말고 하나님 아버지의 품을 누리며 말씀을 묵상하라고 권했다.

"커다란 개가 자기 앞에 다가오는 것을 본 아이가 무서워서 울음을 터뜨렸어요. 이것을 본 아빠가 얼른 달려와 아이를 덥석 들어 올려 안았지요. 아이는 곧 울음을 뚝 그쳤어요. 그런데 잠시 후 아이가 또다시 울기 시작했어요. 왜 그럴까요? 아빠 품에 안긴 것을 잊어버리고 계속 아이의 눈이 아래에 있는 개만 바라보고 있었기 때문이에요."

우리는 매주 수요일마다 예배를 드리고 식사를 함께한 후 오후에는 '마리아행전 중보 기도모임'에 참석했다. 예배를 드리고 나면 그녀의 얼굴에 두려움이 사라지고 환해지는 것을 보았다. 차츰 마음에 안정을 찾아가고 있었다. 우리의 만남이 6개월쯤 되었을 때 그녀에게 홀로서기가 필요할 것 같았다. 하나님을 의존하려는 마음보다 나를 의존하려는 마음이 더 클까 염려스럽기도 했다. 나는 그녀가 상처를 받을까 봐 조용히 기도만 하고 있었다.

그러던 어느 날 그녀가 주일예배를 집 근처 교회로 나가 드렸더니 매우 좋았다고 했다. 자신의 과거를 알고 이상한 사람으로 볼까 봐 다른 사람들과 교제하는 것이 두렵기도 하다고 솔직한 마음을 털어놓았다. 나는 반드시 하나님의 손길이 그곳에서도 있다고 하면서 교회 공동체의 소속이 중요하다고 말해 주었다. 그녀는 자신이 힘들 때 전화를 하고 만나 주면 교회에 등록하겠다고 했다. 나는 흔쾌히 허락했다. 하나님의 일하심은 완전하다는 걸 다시 한 번 경험했다. 그녀는 지금 성도로서 교회에 잘 정착했을 뿐 아니라, 남편과 딸도 함께 교회에 다닌다는 소식을 전해 주었다. 또한 삶 속에서 부딪치는 갈등이 생길 때마다 기도를 부탁하기도 한다.

나는 이분을 만나면서 깨달은 것이 있다. 귀신을 쫓아내는 축사사역이 전도자에게도 필요하지만, 복음을 심어 주고 사랑으로 접근하며, 예배의 자리, 기도의 자리로 안내해 주는 일이 더 중요하다는 것이다. 그녀는 자기를 구렁텅이에서 끌어내 준 고마움을 거듭 표현하며, 나를 위해 끊임없이 기도한다고 했다. 2년 전 교통사고를 당했을 때, 만약 내가 그대로 주님 곁으로 갔다면 우리 가족 외에 가장 슬퍼할 사람은 아마 이분이 아니었을까 하는 생각도 잠시 했다. 나는 그 힘으로 열심히 영혼을 향하여 오늘도 달려간다.

어린이
전도는
황금어장

선교학에서 보통 복음화율이 3% 이하이면 미전도 종족이라 한다. 그런데 지구촌에서는 아직 어린이와 청소년 복음화율이 3.5%도 채 안 된다고 한다. 그러고 보면 미전도 종족이바다 건너 멀리 있는 것만도 아닌 듯싶다. 우리 곁에 있는 다음 세대가 미전도 종족이 되고 있어 안타까울 뿐이다. 우리의 미래를 짊어지게 될 차세대 어린이들이 점점 미전도 종족이 되어 가고 있는 이유는, 미디어가 자녀들을 제자 삼고 있기 때문이다.

"창밖의 눈은 누가 내리게 할까요?" 하면, 하나님이 아니라 애니메이션 〈겨울왕국〉에 나오는 '엘사'라고 대답한다는 웃지 못할 이야기가 있다. 무엇을 보고, 무엇을 듣느냐가 생각을 만든다. 자주 반복해서 듣는 사이에 생각의 틀이 생긴다. 맞벌이 시대에 부모가 집을 비우는 사이, 그들을 대신하여 미디어가 아이들의 생각에 큰 영향을 주는 '대체 양육자'가 되어 버렸다.

요즘 4세부터 14세의 어린이와 청소년들을 복음으로 깨우자는 '4~14윈도우 운동'이 일어나고 있다. 이는 가뭄에 단비만큼이나 반가운 소식이다. 4~14세의 아이들이 복음을 가장 잘 받아들인다. 주기철 목사님이나 허드슨 테일러도 13세 때 주님을 만나서 영적 거장이 되었다.

나이가 들면 알았던 것도 금세 잘 잊어버린다. 그러나 어렸을 때 일은 나이가 들어도 잘 잊혀지지 않는다. 마음 밭을 누가 점령하느냐에 따라 그것이 주인이 된다. 어렸을 때 예수님을 주인으로 모시면, 잠시 잠깐 떠나 있었어도 언젠가 기억하고 다시 예수님께로 돌아온다. 미디어, 게임, 진화론과 같은 세상 문화가 순수한 아이들의 심령을 점령하기 전에 먼저 복음을 들려주어 예수님으로 채워야 한다. 이들을 영적으로 방치해 버리면, 하나님을 대적하는 인본주의자로 전락할 위험이 높다. "제발 누군가 와서 우리에게 예수님을 전해 주세요"라고 외치는 아이들의 갈망의 소리가 들리지 않는가?

나는 손녀가 다니고 있는 초등학교 앞에서 전도를 시도해 보았다. 전도지와 멘토스, 막대사탕, 복음팔찌 등을 준비했다. 우리는 아이들의 하교 시간에 맞춰 교문에서 조금 떨어진 곳에서 기다렸다. 아이들에게 먼저 멘토스를 나눠 주면, 아이들은 걸음을 멈춘다. 사실 낙후된 지역에 살고 있는 아이들에게는 이런 작은 선물을 고맙게 받을지 모르지만, 이곳은 새롭게 아파트 대단지가 들어선 지역이라 그까짓 사탕이라고 거절할지 모른다는 염려가 있었다. 그러나 그것은 나의 기우였다. 역시 아이들은 아이들이었다. 조그만 사탕 하나를 받고도 좋아하며, 햇볕이 뜨겁게 비추고 있어도 아랑곳하지 않고 우리 주위로 모여들었다.

"나는 예수님을 믿는 사람이야. 3분 정도 시간을 내 줄 수 있겠니?"

"그 팔찌도 주시는 거예요?"

그들은 나의 팔목에 걸린 여러 개의 팔찌에 어느새 눈이 꽂혀 있었다. 우선 복음을 듣는 사람에게 주겠다고 약속하면, 아이들은 눈을 반짝이며 귀를 기울인다. 그리고 예수님을 구원자로 영접한다. 약속대로 팔찌를 주면서 다시 한 번 복음을 재확인시킨다. "내 동생에게도 주고 싶은데 하나 더 가질 수 없어요?" 하는 친구에게는 동생에게 복음팔찌로 복음을 전할 수 있는지 확인해 본 후 한 개를 더 주기도 한다. 아이를 마중 나온 할머니도 옆에서 듣고 있다가 자기도 그 팔찌를 달라고 했다. 할머니에게도 복음을 전한 후에 팔찌를 선물로 드렸다. 정말 아이들은 우리가 전한 복음을 쉽게 이해하며, 그대로 옮겨 말을 한다. 연이어 두 주간을 그렇게 학교 앞에서 전도를 했다. "가까운 교회에 꼭 다니자"로 끝내는 것이 못내 아쉬웠다. "여기 ○○교회로 나와" 하면서 손을 잡고 교회까지 이끌어 주는 것이 전도자의 임무가 아닌가.

우리 집 주변에 아담하고 예쁜 교회가 있다. 그 교회 담임 목사님은 "저는 이 아파트에 사는 주민이며, 이 앞 ○○교회 목사입니다. 한번 교회에 나와 보십시오" 하면서 이웃에게 전도하는 분이다. 나는 그 목사님이 생각나서 찾아뵙고 어린이 전도에 대한 청사진을 말씀드렸다. 전도의 열정이 있는 목사님인지라, 흔쾌히 우리에게 도움을 요청하셨다. 3주 동안 토요일마다 교사, 권사, 집사 등 직분자들이 참석했다. 전도 강의 후 짝을 지어 전도 실습을 했다. 복음팔찌도 함께 만들었다. 교회 부근 공원과 학교 운동장에서 놀고 있는 어린이들과 청소년들에게 복음을 전하는 현장 실습도 겸했다. 간이 테이블을 설치하고 과자, 사탕, 음료수 등을 준비하고, 만화로 된 성경이나 어린이 신앙책자도 비치해 놓았다. 비눗방울, 줄넘기 줄 등을 갖고 가서 아이들과 함께 놀아 주기도 했다. 이러면 아이들과 쉽게 친구가 된다. 자연스럽게 아이들과 대화를 나누며 교회를 다녀 본 적이 있느냐고 접근했다. 그중 한 남자 중학생 아이는 복음을 받아들이고 교회에 다니겠다고 하면서 연락처도 선뜻 알려 주었다.

참여한 직분자들이 전도에 대한 설렘과 자신감이 동시에 생겼다고 했다. 그리스도 안에서 우리는 다 한 몸임을 확인하며 함께 기뻐했다.

손녀는 샤워할 때 외에는 복음팔찌를 늘 끼고 있다.

"우리 반 친구들 30명 중에 20명은 매일 이 복음팔찌를 끼고 다녀요."

"대부분 여학생들이 많이 끼고 다니지?"

"안 그래요. 남학생도 반 정도 끼고 다녀요."

나는 손녀와 전도 대화를 나누면서 요즘엔 남자아이들도 액세서리를 좋아하고 착용한다는 것을 알 수 있었다. 팔찌는 타종교를 믿는 사람들이 많이 차고 다녀서 부정적인 인식을 가지는 사람들도 있다. 하지만 복음팔찌를 볼 때마다 복음을 생각나게 하는 시청각 자료의 효과도 있고, 전도의 접촉점이란 관점으로 봐서도 좋다는 생각이다. 중요한 것은 복음을 오래 기억하는 것이다.

이 일을 계기로 지역교회에서 어린이 전도를 훈련시켜 달라는 요청이 와서 섬기고 있다. 우리는 작은 전도의 불씨가 되어 우리를 필요로 하는 곳에 달려가기로 마음먹고 '차세대 전도팀'을 꾸려 준비하고 있다.

학교 앞에서 전도를 하면 이상한 눈빛으로 바라보는 사람도 있어서 지혜롭게 할 필요는 있지만, 아직도 우리나라는 전도의 문이 열려 있는 편이다. 상대방에게 어떤 사상이나 종교를 강요해서 누가 신고하면 법망에 걸리는 나라들도 있으니 말이다. 전도의 문이 닫히기 전 우리는 물고기가 많이 잡히는 곳으로 달려가야 한다. '어린이 전도'는 황금어장에 그물을 던지는 격이다. 흔히 낚시를 할 때 대어(大魚)를 잡으면 환호를 하지만 치어(稚魚)를 잡으면 다시 놓아 준다. 그러나 영혼의 대어는 사회적으로 지위나 명예, 물질을 많이 소유한 기성세대가 아니다. 어린아이야말로 미래가 촉망되는 월척 중의 월척이다. 이들이 장차 하나님 나라에 어떻게 쓰임 받을지 아무도 모르기 때문이다. 차세대가 우리의 희망이다.

진화론은 과학,
창조론은
종교다?

　"하나님이 세상을 만드셨어요. 하나님은 사람도 만드셨어요."

　손주들이 아장아장 걸을 때부터 나는 천지 창조에 관한 성경동화를 이야기해 주었다. 어느 날은 박목월 시인이 작사한 '얼룩 송아지'를 부르며 손자에게 이렇게 묻기도 했다. "얼룩 송아지는 얼룩소를 닮았고, 강아지는 멍멍 개를 닮았네. 너는 누구를 닮았지?" 그러면 아이들이 신이 나서 대답했다. "나는 엄마 아빠도 닮았고, 하나님도 닮았지요. 하나님이 날 만드셨으니까요."

"태초에 하나님이 천지를 창조하시니라"(창 1:1).

자그마한 입술을 움직이며 성경 맨 처음에 나오는 이 말씀을 암송하는 어린 천사를 바라보는 기쁨을 무엇에 견주랴. 손주들은 내 무릎을 베고 누워 하나님이 모든 만물과 인간을 창조하신 이야기를 흥미롭게 들었고, 그것을 100% 믿었다. 적어도 학교에 들어가기 전까지는.

손자가 초등학교에 들어가고 나서는 딴판이 되어 버렸다. 인류의 조상은 오스트랄로피테쿠스, 자바원인, 북경원인, 네안데르탈인, 크로마뇽인 등으로 진화를 거듭해 오다가 현재의 인류가 되었다고 말하는 과학책을 매우 흥미롭게 읽는 것이 아닌가. 성경의 가르침과 전혀 다른 책을 보고도 이상하게 생각하지 않는 아이가 걱정이 된 나는 손자에게 물었다.

"지금 읽고 있는 책과 성경에서 말하는 것이 다른데, 넌 어떻게 생각하니?"

"교과서나 과학책은 학교에서 배우는 것이고, 성경은 교회에서 배우는 거잖아요."

손자는 전혀 다른 주장의 이야기를 접하면서 의문을 갖기보다 별개의 것으로 생각하는 것 같았다. 나는 그 자리에서

1800년대에 다윈이 주장한 진화론의 허구를 설명해 주면서, 하나님의 말씀인 성경이 변하지 않는 진리라고 말해 주었다.

"하나님은 우주만물을 그냥 심심해서 재미 삼아 만드신 것이 아니라, 분명한 목적을 가지고 창조하셨어. 특히 사람은 하나님의 형상대로 만드신 것이야. 그런데 교과서나 과학책에 나오는 진화론은 아주 먼 옛날 몇 십억 년 전 콩알만 한 분자, 원자 덩어리가 뻥 터져서 천체가 생기고, 우연히 아메바 같은 단세포가 자신을 보호하기 위해 스스로 진화하여 코끼리, 사자, 원숭이 등이 되었고, 그 원숭이가 사람으로 진화되었다는 거야. 학교에서 배운다고 다 옳은 것은 아니야."

그러면서 최근 그리스도인 과학자들이 가설인 진화론만 넣지 말고 창조론도 함께 교과서에 넣자는 운동을 하고 있다는 설명과 함께 창조과학회에서 추천한 창조과학에 관한 책들을 많이 읽게 했다.

어린이와 청소년, 청년들에게 전도할 때, 기독교와 타종교를 비교하는 것보다 '창조인가, 우연인가?'의 문제로 접근하면 복음을 전하기가 쉽다. 나는 과학자가 꿈인 초등학교 6학년 남자아이에게 전도를 했다. 교회에 다니느냐고 물었더니, 아이는 바로 대답하는 대신에 자기 생각을 먼저 말했다.

"나는 하나님을 믿지 않아요. 진화론을 믿어요."

"그럼 네 조상이 원숭이라고 생각해?"

"그거야 원숭이가 우리 조상인 건 기분 나쁘지요. 그러나 과학책에 그렇다고 했으니까 믿는 거예요. 하나님이 천지를 창조했다는 걸 본 사람이 있어요?"

"그래서 안 믿어진다는 말이지? 너는 굉장히 과학적이고 똑똑하구나. 생각도 깊어서 앞으로 훌륭한 과학자가 되겠네. 그런데 이 빌딩은 처음에 어떻게 해서 생겼을까?"

"그야 누군가 만들었겠죠."

"그렇지. 이 건물이 어느 날 갑자기 저절로 생긴 거라고 하면 넌 웃긴다고 하겠지? 네 말대로 이 빌딩은 설계도에 따라서 만들어졌어. 설계도가 있다는 것은 설계자가 있다는 말이지. 마찬가지로 사람에게도 설계도가 있어. 자녀를 낳으면 부모를 닮는 것은 유전자, 즉 DNA라는 설계도 때문이야. 모든 생명체는 다 설계도가 있지. 이 설계도를 만드신 분이 하나님이야."

나는 천천히 아이의 눈높이에 맞춰 진화론의 허구성을 이해시켜 주려 했다. 아이가 내 말에 귀 기울이는 것 같아 계속 설명을 이어 갔다.

"네 말대로 하나님을 본 사람이 없어. 또 천지를 창조하는 것을 본 사람도 없지. 그런데 우리 눈에 보이지 않아도 실제로 이 세상에 존재하는 것은 많아. 바람은 눈에 보이지 않지만 나뭇잎이 흔들리는 것을 보고 바람이 있다는 것을 알고, 전파도 우리 눈엔 보이지 않지만 TV를 켜면 전파가 흐른다는 걸 알 수 있지. '이런 정신없는 녀석' 하고 말한다면, '왜 내가 정신이 없어요?' 할 테지. 그러나 '너한테 정신이 있다면 한 번 보여 줘봐' 하면 보여 줄 수는 없잖아. 이처럼 하나님도 우리 눈으로는 볼 수가 없어. 원래 사람은 하나님과 교제하며 행복하게 살도록 하나님의 형상대로 창조되었어. '하나님의 형상'이란 말은 하나님을 닮았다는 의미야. 그러기에 우리는 하나님에게 우리의 마음을 보여 드리고 얘기할 수도 있는 거야. 그런데 죄 때문에⋯."

내가 전하는 복음을 귀담아 듣던 아이는 순순히 예수님을 구원자로 영접했다. "사실 우리 엄마 아빠는 교회 집사님이에요. 그런데 이런 말을 해준 적이 없어요. 그러니까 진화론은 하나님을 믿지 못하도록 하는 공부란 말씀이잖아요"라며 응수하는 게 아닌가. 나는 이 똘똘한 아이가 하나님 나라를 위해 크게 쓰임 받는 과학자가 되게 해달라고 축복기도를 해주었다.

'진화론은 과학이며, 창조론은 종교다'라고 생각하는 청소년들과 청년들이 많다. 이것은 교육 현장에서 그렇게 배웠기 때문이다. 진화론의 특징인 '오랜 세월', '저절로'를 학교에서 반복해서 꾸준히 가르친 결과다. 그래서 신앙을 가진 학생들도 고등학교만 졸업하면, 무신론자로 변하는 것을 본다. 즉 무신론이라는 종교인으로 변한 것이다.

진화론과 창조론은 과학과 종교의 문제가 아니다. 무엇을 믿는가의 문제다. 진화론이 옳다고 믿는 것이나, 창조론이 옳다고 믿는 것이나 다 믿음이다. 다만 진화론은 사람의 이론에서 나온 자기 확신이지만, 창조론은 하나님이 약속하신 것을 믿는 믿음이다. 잘못된 가르침을 받는 다음 세대들에게 창조주를 기억하도록 전할 책임이 우리에게 있다. 하나님을 대적하여 높아진 진화론 사상의 견고한 진들이 이들 안에 자리 잡기 전에, "진화론은 과학이 아니다. 창조는 종교가 아닌, 진리다"라고 선포하며 나팔을 불어야 한다. 가장 먼저 나부터 내 자녀들에게 말이다.

은혜의 강가

대방동에 위치한 ○○병원 603호실에는 뇌졸중이나 중풍과 같은 질환으로 몸을 잘 움직이지 못하는 환우들이 있다. 나의 단짝 전도 파트너인 친구와 함께 종종 이 병실을 방문하여 환우들의 필요도 살펴보고 복음도 전하곤 하는데, 유독 우리의 방문을 반기는 어른 두세 분이 계신다. 이 병실에 3개월째 입원 중이신 백문흠 어르신은 우리만 가면 눈물부터 보이며 반가이 맞아 주신다. 이분은 병상에서 예수님을 영접하고 세례까지 받으셨다. 그런가 하면 이공순 씨라는 환우는 우리가 복음을 전하면 시종 객쩍은 농담을 걸어오면서 우리를 반가이 맞아 주신다.

어느 날 병실 문을 열고 들어가 보니, 병실 출입구 쪽에 풍채 좋은 중년의 신사가 환자 같지 않은 모습으로 침대에 앉아 있었다. 인사를 나눈 뒤, 나는 그분에게 "어디가 불편해서 입원하셨느냐"고 물었다.

"뭐, 별거 아니에요. 난 저분들에 비하면 병이라 할 수도 없지요."

그의 시원한 대답에 나는 바로 응수를 보냈다.

"그러신 것 같아요. 음악에 쉼표가 없으면 노래 부르기가 힘들 듯, 우리 인생도 바쁘게 살다 보면 때론 쉼표가 필요하지요…."

그리고 적절한 타이밍이라 생각되는 지점에서 우리는 예수님의 구원에 대해 전하고, 그분의 요청에 따라 치유를 구하는 기도의 시간을 가졌다.

"하나님, 여기 김 선생님이 사회생활하면서, 가장으로도 아주 열심히 살아왔습니다. 그러나 그 긴 시간들을 홀로 견디며 헤쳐 나오느라, 굉장히 지치고 힘들었습니다. 이 시간 이 아들의 수고하고 무거운 짐을 받아 주시고, 이 병상에서 참

된 쉼과 평안을 얻을 수 있게 도와주십시오."

그는 기도하는 도중에 조금씩 흐느끼더니, 결국엔 어깨를 들썩이며 걷잡을 수 없이 뜨거운 눈물을 쏟아냈다. 그도 우리도 당황하긴 마찬가지였다. 예기치 않게 벌어진 그 상황이 멋쩍고 쑥스러운 듯, 그는 "내가 왜 이러지, 정말 이상한 일이네" 하면서 수건으로 얼굴을 감쌌다. 성령께서 그를 만지셨다는 것을 우리는 바로 알았다. 한참 후 자기 얼굴에서 수건을 내린 그는 이런 경험은 처음이라면서, 정말 하나님은 살아 계시는 것 같다고 말했다. 그는 퇴원하면 꼭 교회에 나가겠다고 우리에게 약속했다.

늘 웃으며 농담이 반 이상이던 이공순 씨가 이 모습을 진지하게 지켜보더니, 갑자기 엄숙해진 얼굴로 바뀌었다. 그리고 우리에게 다가오더니, 기도를 부탁하는 것이다.

"나는 조만간 이 병원에서 강제 퇴원을 해야 합니다. 예수를 믿겠으니, 이제 저를 위해서 기도해 주세요."

그는 눈물을 글썽였다. 지금까지 보아 왔던 그의 모습이 아니었다. 우리는 함께 눈물로 기도하고 축복송을 불렀다.

○○병원 603호실은 환자와 의료진이 육신의 질병을 치료받고 치료하는 단순한 병실이 아니다. 참회와 기쁨과 회복의 눈물이 강같이 흐르는 곳이다. 이곳은 성령님이 친히 일하시

는 현장이고, 세류와 세파에 떠밀려 육신의 질고를 안게 된
가난한 심령들이 비로소 하늘을 향해 주파수를 맞추는 은혜
의 강가이다.

전도의
골든
타임

2015년도에 교통사고가 나서 입원한 적이 있었다. 살아 있는 것이 기적이라고 할 만큼 큰 사고였다. 머리를 다쳤지만 큰 이상은 없고 꼬리뼈만 금이 가서 오래 누워 있어야 했다. "넘어진 김에 쉬어가라는 속담이 있듯이 좀 쉬라는 하나님의 사인이라 생각하고 편하게 누워 계세요"라고 병문안을 온 사람들이 위로를 해 주었다. 그런데 며칠 입원해 있다 보니 옆에 누운 사람들이 보이기 시작했다. 각종 사고로 입원한 환자들이 나를 기다리고 있다는 것을 알았다.

링거를 5개나 주렁주렁 달고 수술을 막 끝낸 40대 중반의 한 자매가 내 옆 침대에 누워 있었다. 원인을 알 수 없는 병균이 침투했는데, 허리가 아픈 줄 알고 치료를 받다가 시기를 놓쳤다고 한다. 수술을 받았는데도 한쪽 다리가 코끼리 다리처럼 퉁퉁 부어 있었다. 그녀는 다리의 통증으로 괴로워하며 식사도 하지 못하고, 잠도 제대로 이루지 못했다. 일찍 결혼해서 24살 된 취업준비생인 아들이 간병을 하고, 바쁜 남편과 딸은 밤에만 찾아왔다. 나는 그녀의 아들에게 먹을 것을 주며, 스마트폰으로 CGN TV에 나오는 진로특강을 소개해 줬다. 그렇게 한 걸음씩 다가갔다. 외조부는 스님이었고, 친가는 가톨릭 집안이었다. 그래서 자신은 종교를 갖지 않기로 했다며 속내를 털어놓았다.

며칠 후 새벽 1시경에 그녀가 "따라 오지 마, 저리 가!"라며 잠꼬대를 했다. 나는 악몽에 시달리는 그녀를 위해 조용히 대적기도를 했다. 아침 회진 때, 주치의가 그녀에게 균이 자꾸 생겨 재수술을 해야 한다고 말했다. 그 말을 들은 그녀는 눈물을 주체하지 못하고 펑펑 울었다. "살기 위해서는 할 수 없다. 마음을 굳게 먹으라"고 간호사들이 달래도 소용이 없었다. 그녀의 얼굴에 두려움의 그림자가 드리워져 있었다.

그녀는 중환자실에 있을 때 죽어나가는 사람을 보고 나서 아
픔보다 죽음이 더 크게 느껴지고, 간밤에 저승사자까지 따라
왔다고 했다. 나는 그녀에게 다가갔다.

"예수님 믿으세요?"

"저 성당에 나가요. 예수님도 믿고 성모님도 믿어요."

그녀는 불안과 두려움이 가득 찬 얼굴로 대답했다.

"십자가에서 죽음의 권세를 이기시고 살아나신 예수님을
나의 구주, 나의 주님으로 받아들이면, 죽음의 귀신은 떠나가
요. 하나님께서 두려워하지 말라 내가 너와 함께한다고 약속
하셨어요. 성경에 나오는 하나님의 말씀을 믿는 것이 예수님
을 믿는 거예요."

그렇게 복음을 전했더니 그녀가 예수님을 진심으로 영접하
겠다고 말했다. 그녀의 얼굴에 두려움의 눈물이 그치면서 처
음으로 미소를 지으며 얼굴이 평안해 보였다. 그 모습을 본
아들이 "엄마, 나도 교회에 갈 거야"라고 했다. 그녀는 재수술
을 하러 갈 때 예수님의 손을 잡고 가겠다고 했다. 나는 이사
야 41장 10절, 이사야 53장 4-5절, 빌립보서 4장 6-7절 말씀
을 손으로 써서 비닐파일에 넣어 주었다. 그리고 말씀과 기
도가 실제가 되는 기적을 보자고 권면했다. 그녀는 비닐파일
에 넣은 말씀을 수술실에 들어갈 때까지 놓지 않았다.

수술 후 수술이 잘 되었다고 해서 무척 기뻐하는 그녀를 보고 나는 먼저 퇴원을 했다. 며칠이 지나 그녀가 궁금해서 전화를 했다. 그런데 또 염증 수치가 떨어지지 않고 균이 자꾸 번식해서 재수술 가능성이 여러 번 있을 수 있다는 주치의의 말에 그녀는 다시 근심하는 듯했다. 가족들이 다른 병원으로 옮길 것에 대해 의논 중이라고도 했다.

나는 성경에 나오는 한 여인이 떠올랐다. 나는 곧장 병원으로 달려갔다. 얼른 성경을 펴서 12년 동안 혈루병을 앓던 여인이 예수님의 옷자락만 만져도 낫겠다고 생각하고 만진 결과 그 즉시 나았다(마 9:20 참조)는 이야기를 전했다. "딸아 안심하라 네 믿음이 너를 구원하였다"고 하셨으니, 마찬가지로 자매님도 예수님을 통해 혈루병에 걸린 여인의 병이 멈춘 것처럼 다리의 염증이 마르고 멈추며 깨끗해질 수 있도록 그 믿음으로 선포하며 기도하자고 권면했다. 그녀는 다시 그 말씀을 붙들고 기도하겠다고 했다. 성경을 읽고 또 읽겠다고 했다.

그날 이후 정말 기적이 일어났다. 그녀가 내게 전화를 했는데, 기도한 후로 염증 수치가 120에서 60, 30, 9%까지 떨어졌다는 것이다. 이젠 수술을 하지 않아도 되며, 재활치료만 1년 정도 하면 된다면서 내게 감사하다는 말을 했다. 가족들도 고마워한다고 하면서 신앙생활을 잘 하겠다고 했다. 복음을 전하면 하나님이 기뻐하시고, 대상자가 기쁘고, 가족과 주변 사람들이 기쁘고, 복음을 전하는 나 자신이 기쁜 것임을 경험했다.

넘어져 팔이 골절된 70세 할머니가 입원실에 들어왔다. 병문안 오는 가족이 한 사람도 없이 외롭게 사신 분이다. 평소 운동을 많이 해서 건강은 자신했는데, 운이 없어서 넘어졌다고 했다. 수술 들어가기 전에 기도해 드리겠다고 했더니 기도를 받으셨다. 사람들은 수술 들어가기 전에는 대체로 기도를 거부하지 않는다. 수술 후 밥맛이 없다고 잘 드시지 않았다. 환자는 몹시 고통스러워했다. 내가 물도 떠다 드리고 간식을 나누니까 그제야 마음을 많이 여셨다.

"이런 사고를 통해서 인생의 주인이 내가 아니고 따로 있다는 것을 알게 되지요?"

내 말에 "나는 부처님!"이라는 말이 환자의 입에서 총알처럼 튀어나왔다.

"부처님은 정말 훌륭하고 정직하며 존경받을 만한 분이지요. 그런데 부처님도 '내가 너의 주인이 아니고 열심히 수행해서 번뇌와 욕망을 벗어 버리고 해탈하라'고 하셨잖아요.

그럴 자신 있으세요? 그런데 예수님은 내 인생의 죄의 짐을 다 짊어지고 죽었다가 부활하셔서 내 인생의 주인이 되어 책임진다고 하셨어요. 늙어도 품에 안고 가고, 힘들 때 업고 간다고 약속하셨어요."

할머니는 나의 말에 반박하지 않고 가만히 계셨다. 마음이 흔들리는 것 같았다. 옆 병상의 할머니 환자는 딸이 저녁마다 찾아왔다. 올 때마다 할머니는 딸에게 아픈 곳을 하소연했다. 나는 그것을 보고 이 환자가 부러워하는 것을 눈치채고는 "어쩜 말없이 아픈 것도 잘 참고 견디세요" 했더니 "엄살도 받아 줄 사람이 있어야 하지" 하셨다. "정답!" 하면서 나는 엄지손가락을 치켜들었다. "그런데 엄살 받아 주는 사람도 한계가 있는 인간이에요. 언제든 아프면 아프다, 힘들면 힘들다 말하세요. 나를 받아 주시는 분이 계십니다" 했더니 나보고 아주머니는 진짜 믿는 사람 같다면서 복음을 받아들였다.

이처럼 전도에는 골든타임이 있다. 인생이 잘 나가고 형통할 때는 하나님을 찾지 않지만 병들고 약할 때, 마음이 가난해질 때 복음에 귀를 기울인다. 반드시 복음을 기다리는 사람이 있고, 나를 이 병상에 있게 한 이유가 느껴지니 기쁨이 솟아나고 행복했다.

　나는 전도할 때 타종교에 대해 비교하거나 논쟁하지 않는다. 다만 복음의 핵심인 예수님이 지금 필요하다는 사실을 알려 준다. 복음을 전해 들은 그들이 교회에 관심을 보이면 그때 교회로 인도한다. 그리고 공동체와 중보자들에게 기도 부탁을 한다. 이것이 바로 전도다. 환자가 되어도 전도의 기회는 주어진다. 인생에게 기적을 행하시는 주님을 오늘도 기대한다.

인생의 성공은
하나님을
만나는 것

친정아버지의 구원을 위해서 전도콜센터에 한 자매가 찾아왔다. 그녀는 젖먹이와 5살 난 두 딸을 데리고 왔지만, 매주 빠지지 않고 나와서 아버지를 위해 기도했다. 69세인 친정아버지는 이북에서 월남하여 자수성가한 분이었다. 오랜 시간 공장을 운영했기 때문에 기계소음으로 귀가 잘 들리지 않으셨다. 지금은 보청기를 끼고도 잘 듣지 못하신다. 대화가 힘들어서인지 화를 잘 내셨다. 자매의 아버지는 신앙생활을 열심히 하는 어머니와의 갈등 때문에 교회를 더욱 불신하셨다. 그러나 자매는 4년 전, 30년 넘게 기도한 어머니로 인해 구원을 받고 교회에 다니게 되었다고 했다. 집안의 맏이인 자매는 아버지의 구원 문제를 놓고 깊은 책임감이 느껴져 전도 요청을 한 것이었다.

동역자인 김훈 집사님과 함께 전도 방향을 논의하며 기도했다. 우리가 아버지를 찾아뵙고 복음을 전할 수 있는 기회를 만들어 보라고 그녀에게 이야기했다. 그러나 시간이 흘러도 아버지의 모습에서 변화를 느낄 수 없었고, 오히려 더 부정적으로 변하시는 것 같아 기회를 만들기가 쉽지 않다면서 그녀는 더욱 간절하게 기도했다. 젖먹이 아기가 보채는 것도 아랑곳하지 않고, 눈물을 흘리며 아버지의 구원을 위해 기도하는 그녀의 모습이 아름답고 숭고해 보였다. 우리는 지금까지 기도하며 준비했으니, 현재 상황을 보지 말고 아버지를 찾아뵙고 복음을 전하자고 권했다.

"용기가 나지 않아요. 아버지가 거절하실까 봐 두려운 마음이 앞섭니다."

"일단 믿음으로 부딪쳐 보면, 나머지는 하나님이 하실 거예요."

우리는 주일 오후에 찾아뵙기로 하고, 그녀의 어머니와 미리 연락을 했다.

"우리 가정과 아이들을 위해 기도해 주시는 분들인데, 오늘 아빠를 뵙고 싶다고 해서 모셔 왔어요."

딸이 이렇게 운을 떼며 우리를 소개시켜 주었다.

어르신은 "고마운 분들이니 식사를 잘 대접해 드려라" 말씀하시고는 별 관심이 없는 듯 TV만 보고 계셨다. TV 뉴스는 전 노무현 대통령의 자살 소식으로 연일 들끓고 있었다. 나는 "어르신, 저런 소식을 들으니 참 안타깝지요?"라고 어색한 분위기를 깨기 위해 말을 건넸다. "아, 일국의 대통령이 정말 억울하다면 정정당당하게 밝혀 나가야지 죽긴 왜 죽어요?" 하면서 열변을 토하셨다. 한참 그분의 이야기를 들으면서 공감해 드렸다. "그런데 어르신, 사람들은 왜 절망할까요? 닫힌 문만 보기 때문입니다. 그래서 현실뿐인 사람은 현실이 좌절되면 절망하고 갈 데가 없지요. 그러나 미래가 있고 영원이 보장되어 있는 사람은 현실에서 절망하지 않습니다. 한쪽 문이 닫히면 다른 문이 열리고 새로운 세계가 있지요. 아무리 열심히 살고, 많은 것을 소유해도 인생은 외롭고 허무합니다. 인생의 성공은 하나님을 만나는 것입니다"라고 나도 모르게 튀어나왔다. 그런데 어르신이 갑자기 "나는 사실 월남해서 자수성가한 셈이지만, 나이가 들어가니 무척 외롭소" 하면서 우셨다.

겉으로 큰소리치며 화를 낸 것은 외롭고 힘들다는 표현이었다는 것을 알았고, 그분에게 성령님이 역사하심을 느꼈다.

"어르신과 똑같은 생각을 가지셨던 분이 우리나라 석학이신 이어령 박사님입니다. '칠십 평생 누군가에게 나 자신을 맡겨 본 적이 없다. 나는 나 자신을 믿으며 정신을 똑바로 차리지 않으면 안 된다는 마음으로 살았으나 속으로 많이 외로웠다'라고 하셨어요" 하면서 복음을 전했다. 마음이 열리면 잘 들리지 않던 귀도 열리는 것 같다. 대화하는 데 전혀 문제가 없었다. 예수님을 구주로 영접하는 기도를 따라 하면서 또 눈물을 흘리셨다.

아기를 재우러 방에 들어간 자매에게 5살 된 딸이 "엄마, 할아버지가 막 울어. 큰일 났어" 하며 중계를 하고 다녔다. 주님이 하시는 일은 우리가 생각하는 것보다 더 크고 놀랍다는 걸 경험했다. 음식 솜씨가 뛰어난 그녀의 어머니가 신이 나서 한 상을 차려 내셨다. 당장 다음 주일부터 아내를 따라 예배에 참석하겠다고 어르신이 선포하신 것이다.

최근에 어르신이 감리교 권사 직분을 받아 열심히 충성하고 계신다는 소식을 자매를 통해 전해 들었다. 아내와 딸의 간절한 눈물의 기도에 응답하시는 하나님! 그분은 분명히 살아 계신다.

4부

전도 레시피 4

전도하기 딱 좋은 나이,
전도 고수를 꿈꿔라

꿈은
늙지
않는다

아인슈타인은 "나는 천재가 아니다. 다만 호기심이 많을 뿐이다"라고 했다. 호기심이란 새롭고 신기한 것을 좋아하거나 모르는 것을 알고 싶어 하는 마음이다. 호기심을 가진 사람이 그 대상을 마주하게 되었을 때 감탄사가 저절로 따라온다. 사람은 '호기심'과 '감탄사'가 사라지면 늙어가는 징조라고 한다. '산다는 게 다 그런 거지. 별것 있나' 하며 매사를 무미건조하게 대한다면, 그는 벌써 젊음을 잃은 것이다. 그러나 작은 일에도 호기심을 갖고 그것을 대하며 자주 감탄하는 사람은 눈빛이 살아 있는 걸 볼 수 있다.

갑작스럽게 남편을 떠나보내고 친정 모친마저 하직하여 세상이 흑백으로 보인 엄마를 위해 525일 동안 세계 일주를 함께한 여행 작가가 TV에 소개되었다.

"엄마는 태어나서 처음으로 내일이 궁금해져. 누굴 만날지, 어디로 갈지 모르는 설렘과 기대 때문이야."

60세인 여행 작가의 엄마가 한 말이다. 나는 이 말을 듣고, 인생이 여행이고, 여행 안내자인 예수님과 함께하면서 새로운 만남, 새로운 여행지에 대한 호기심과 설렘을 갖는 것이 꿈이라 생각되었다. 꿈이 있는 사람은 내일에 대한 호기심과 설렘으로 가득하다.

우리 인생은 흔히 사계절에 비유된다. 봄은 탄생기, 여름은 전성기, 가을은 결실기, 겨울은 쇠퇴기라고 한다. 봄이 탄생기이고 겨울이 쇠퇴기라면, 그 이듬해에 오는 봄은 무엇이라고 하는가? 늙은 봄이라고 하는 사람은 없다. 새봄이다. 우리는 오는 봄을 왜 '새봄'이라고 할까? 고정관념의 안경을 벗고 새로이 보라고 하나님이 주신 것이다. '봄'이란 글자를 살펴보면 두 팔을 위로 뻗은 모양이다. 봄은 움츠러들었던 몸과 영혼이 기지개를 켜는 데서부터 시작된다.

'인생의 전성기'(The summer of life)도 이와 비슷하다. 1~10대를 탄생기라 하고, 20~40대를 인생의 여름인 전성기라 한다. 50~60대는 결실기라 한다. 하지만 70대 이후의 삶을 누가 쇠퇴기라 말할 수 있겠는가. 나는 늙음을 부정하거나 항변하려는 게 아니다. 인간은 생명이 있는 한 끊임없이 성장하기 때문이다.

남녀노소 할 것 없이 다시 시작하는 법을 배워야 한다. 지난날을 바꾸기는 불가능하지만, 새로운 삶을 시작하기에는 결코 늦지 않다. 무엇인가를 시작할 때, 그때부터 우리의 나이는 시작된다. 남은 인생을 사는 것이 아니라, 새로운 인생을 사는 것이다.

노목은 없다. 고목도 봄이 되면 새순을 올리고 꽃을 피운다. 꽃 피는 나무는 언제나 청춘이다. 알을 깨고 나와야 새 생명이 탄생하듯, 자신의 틀을 깨야 새롭게 시작할 수 있다. 인생의 전성기는 오늘부터 시작하여 인생이 끝날 때까지이다. 이 순간을 가장 치열하게 사는 사람이 전성기를 구가하는 주인공이다.

전도를 하다 보면 "그냥 놔 둬, 남은 인생. 나 이렇게 살다 죽을래" 하는 분들을 만난다. 내일에 대한 설렘이나 희망이 없다. 나는 그런 분들에게 "남은 인생을 이렇게 사는 것이 아니라 예수 그리스도 안에서 새로운 인생을 살 수 있어요" 하면서 복음을 전한다. 내 존재 이유와 목적을 발견한다면 얼마든지 새롭게 살아갈 길이 있다.

노년은 새로운 것을 배우며 자신의 매력을 가꾸려는 인식 전환이 필요하다. 젊은이들의 말에 귀 기울이고 격려하며 유머를 잃지 않는 것이 중요하다. 모세도 죽을 때까지 눈이 흐리지 않았고 총명함을 유지할 수 있었다. 나이와 함께 몸이 노화되는 것은 자연스럽게 진행되나, 정신과 의식이 성장, 성숙하는 데에는 각자의 노력이 필요하다.

유튜브에서 대학의 금혼 학칙에 따라 제적당했다가 50년 만에 대학을 졸업한 81세 박경희 할머니의 강연을 들었는데, 잔잔한 감동을 받았다. "요즘 취업, 결혼 등 많은 고민으로 힘들어하는 후배들에게 일부러 애쓰고 기를 쓰며 살기보다는 천천히 가도 된다고 말하고 싶다. 내가 80년 인생을 살아 보니까 자기가 꼭 원하는 것이 있으면, 어느 단계에 가서는 이루어지더라. 토끼처럼 빨리 가도 정상에 갈 수 있고 거북이처럼 느리게 가도 갈 수 있다. 나는 50년 만에 졸업장을 받았다. 천천히 가도 된다. 두려워하지 말고 뭐든지 시작을 해보자. 그리고 자기를 사랑하자" 하면서 지금도 다른 사람들을 위로하기 위해 10개의 악기를 배우는 목표를 갖고 있으며,

현재 7개의 악기를 다룬다고 했다. 그분이 이야기하는 핵심은 '꿈을 이루는 것은 중요하나, 빨리 이루는 것이 전부가 아니니 천천히 가라'는 것이다. 이 강연을 듣는 많은 대학생들이 눈물을 흘리며 위로를 받았다.

나는 박경희 할머니를 보면서 '꿈은 늙지 않는다', '꿈꾸는 노인은 젊은 세대의 짐이 아니라, 버팀목이 될 수 있다'고 생각했다. 만약 이 할머니가 꿈에 도전하지 않았다면, 젊은이들의 눈물샘을 자극하며 조급해하지 말고 한 걸음씩 자신의 꿈을 향해 가라고 말할 수 있었을까? 이것이 바로 꿈의 힘이다.

요즘 풍조를 보면, 젊은 세대들이 나이 든 사람을 그다지 좋아하거나 따르지 않는 것 같다. 나이 들수록 고집과 아집이 더 강해지기 때문이다.

> "또 새 영을 너희 속에 두고 새 마음을 너희에게 주되 너희 육신에서 굳은 마음을 제거하고 부드러운 마음을 줄 것이며" 겔 36:26

고집 센 늙은이가 되지 않으려면, 나이 들수록 성령님을 더 사모해야 한다. 성령 하나님이 부드러운 마음을 주시고 하나님 나라를 꿈꾸게 하신다. 나는 전도할 때, 복음과 꿈을 함께 전한다. 꿈을 건드려 주면 쉽게 마음을 열고, 복음을 받아들이는 것을 경험한다.

나는 가끔 요양원에 누워 계신 어르신들을 찾아간다. 어르신들은 대부분 '어디가 아프다', '자식들이 자주 오지 않아서 섭섭하다', '외롭다', '옆의 늙은이가 보기 싫다' 등 불평을 많이 하신다. 이분들에게 "꿈이 뭐예요?" 하며 이야기를 끄집어내기엔 가혹한 느낌이 들었다.

"어르신, 나중에 자손들에게 어떤 분으로 기억되고 싶으세요?"

"그거야 좋은 부모로 기억되고 싶은 것은 말할 필요가 없지. 그런데 이렇게 아파서 자식들에게 짐이 되고 있으니 답답할 뿐이야."

꿈에 대한 질문을 이렇게 바꾸니, 대화가 잘 통했다.

"어르신! '우리 어머니는 비록 몸이 편찮으셨지만 훌륭한 분이셨다'는 소릴 듣고 싶으시죠?" 하면서 나는 그 비결을 말씀드린다.

"'기도의 전문가'가 되는 꿈을 가지세요. '내가 너희들을 위해 할 수 있는 것은 여기서 기도하는 것이야. 기도제목을 적어 주렴. 기도하는 일로 하나님이 나를 부르셨다'고 하면, 자녀들이 좋아하며 어려운 일이 있을 때마다 기도를 부탁하러 오겠지요."

그런가 하면 '칭찬 전문가'가 되는 꿈을 가지라고 권면하기도 한다. 사람은 장점보다 단점이 더 잘 보인다. 칭찬거리를 찾으려 노력하다 보면, 먼저 자신이 변화된다. 칭찬받는 것을 싫어한 나폴레옹에게 어느 날 한 부하가 "칭찬받기를 좋아하지 않는 장군님의 성품을 저는 존경합니다"라고 했더니, 나폴레옹이 흐뭇한 미소를 지었다는 일화가 있다. 이처럼 사람들은 칭찬에 목말라한다.

꿈이 꼭 거창할 필요는 없다. 소소한 일상에서 찾아보면, 나이 들어도 얼마든지 발견할 수 있다. 꿈은 늙지 않는다. 꿈꾸는 당신은 여전히 청춘이다.

은퇴를
은퇴
하라

UN이 재정립한 평생연령 기준을 보면 0~17세가 '미성년자', 18~65세가 '청년', 66~79세가 '중년', 80~99세가 '노년', 100세 이상이 '장수노인'이라고 한다. 은퇴 후 또 한 번의 생애 설계를 하지 않으면 안 될 정도로 우리의 인생이 길어졌다.

시대의 추이를 반영한 이 생애주기에 따르면, 은퇴자(retire)는 이제 노인이 아니라, '타이어를 바꿔 끼고 다시 한 번 생의 불꽃을 피워야 할 청년'(refire)이다. 100세 시대를 살고 있는 지금, 은퇴 후 40년을 시간으로 계산하면, '40년×365일×24 시간=350,400시간'이라는 엄청난 시간이 주어진다. 은퇴자들이라면 누구나 직업을 둘러싼 사회생활의 의무에서 벗어나 35만 시간을 무엇을 하며 지낼지를 고민한다. 비교적 경제적 여유가 있고 건강한 은퇴자들은 그동안 가족 부양을 위해 살았으므로, 이제는 쉬면서 여가를 즐기겠다는 계획을 꿈꾼다. 이들은 평소에 하고 싶었던 여행, 스포츠, 취미생활 등을 하면서 여생을 누리고자 한다. 그러나 열심히 앞만 보고 달리다 건강과 돈을 맞바꾼 가장들은 가족의 짐이 되지 않으려고 혼자 산속으로 들어가는 경우도 있다.

요즘 〈나는 자연인이다〉라는 TV프로그램의 시청률이 아주 높다. 자연으로 회귀하고 싶어 하는 현대 남성들의 로망이 되었다고 한다. 여기에 나오는 자연인들은 거의 슈퍼맨이다. 산은 복잡한 도시생활로 지치고 아픈 사람들의 상처를 어루만져 주고 좋은 공기와 먹을거리를 제공한다. 거기서 누구의 간섭도 받지 않고 하고 싶은 일을 하며 살아가는 자연인의 모습을 담아 내고 있다. 그래서일까? 특히 40대 이후의 남성들에게 인기가 높다. 은퇴하면 저런 자연 속에서 살고 싶다는 꿈을 꾸는 것이다. 은퇴 후 어떻게 준비해야 행복한 노후를 보낼 것인지가 은퇴자들의 화두다.

그리스도인은 은퇴를 준비할 때, '내가 뭘 하지?'보다는 '내가 어떤 사람으로 자리매김하고 싶은지'를 먼저 생각해야 한다. 은퇴 후는 성과나 생산성 위주에서 벗어나, 자기 내면을 살피는 성찰 위주의 삶이 필요한 시기이다. 'Being'을 결정하고 'Doing'을 하는 것이다. 인생 전반전에 속도와 성취 위주의 삶을 살았다면, 인생 후반전엔 방향과 의미를 찾는 것이 후회 없는 삶이 된다는 게 생애전문가(영성가)들의 한결같은 조언이다.

그리스도인은 은퇴를 은퇴해야 한다. 그것은 우리의 정체성 때문이다. 우리는 하나님의 대사요, 청지기로 부르심을 받았다. 이 땅은 잠시 거쳐 지나가는 곳일 뿐, 우리의 본향은 하늘나라이다. 100세의 인생이 아닌, 영생을 사는 신분인 것이다. 성경 인물들을 보면 아브라함도 75세에 부르심을 받았고, 모세도 80세에 부르심을 받았다. 갈렙도 85세에 헤브론 산지를 점령했다.

그리스도인은 미래를 보는 시각을 바꿔야 한다. 축구할 때마다 열심히 공만 쫓는 사람은 축구를 잘하지 못한다. 그러나 축구 고수는 공이 오는 방향을 보고 달린다. 인생의 고수가 되려면, 은퇴 후 35만 시간을 보내기 위한 은퇴관이 확실해야 한다. 내가 어떤 존재로 살며 어떤 사람으로 하나님 앞에 설 것인가? 또 어떤 사람으로 후대에 기억될 것인가? 이를 위해 가치관을 설계하고, 목표와 미션을 건축해야 한다.

해마다 직장에서 휴가를 얻어 오지로 해외 봉사를 떠나는 한 집사님 부부가 있다. 그들은 안경 검안 기술을 배워 안경 사역을 하면서 복음을 전한다. 은퇴 후 선교지로 나갈 꿈을 품고 평소에도 전도하며 미리 훈련을 하고 있다. 내가 아는 분들 가운데 미용기술을 익히거나 악기를 배우고 컴퓨터를 배워서, 은퇴 후 봉사하며 복음을 전하려는 분들도 있다. 그들은 은퇴 후에 어떻게 살 것인가를 걱정하지 않는다. 하루하루를 설렘과 기대감으로 살기에 눈빛이 살아 있다.

은퇴를 은퇴하면 각자의 직업과 재능을 통해 다른 사람을 섬기면서 삶의 참된 의미와 행복을 맛볼 수 있다. 영화 〈인턴〉은 은퇴 후 어떤 사람으로 자리매김하며 살 것인지를 보여 줘서 사람들에게 감명을 주었다. 현업에서 은퇴한 70세 노인이 30세 외로운 워킹맘 CEO를 지혜와 애정을 갖고 섬기는 이야기다. 특별히 이 영화에서 시니어 인턴이 손녀뻘 되는 사장 앞에서 던졌던 대사가 뇌리에서 떠나질 않는다.

"뮤지션은 은퇴를 하지 않는다는 기사를 읽은 적이 있어요. 더 이상 음악이 떠오르지 않을 때까지 계속한대요. 내 마음 속엔 아직 음악이 있어요."

"내 마음속엔 예수님이 살아 계세요."

이 고백을 한 번 더 다지는 계기가 되었다. 내 안에 전도에 대한 열정과 확신이 꿈틀거렸다. 그렇다. 전도자에겐 은퇴가 없다. 내가 살아 있는 동안 나는 계속해서 복음을 전할 것이다.

사회 경험과 인생 경륜이 풍부한 시니어들이 우리 젊은이들의 말에 귀 기울이며 그들을 일으켜 세워 주는 멘토가 되어야 한다. 경험은 늙지 않는다. 경험과 경륜을 무시할 순 없다. 솔로몬의 아들 르호보암이 경험 많은 노인들의 조언을 받아들였다면, 이스라엘은 두 국가로 분열되지 않았을 것이다.

"나이가 든다는 것은 등산하는 것과 같다. 오르면 오를수록 숨은 차지만 시야는 점점 넓어진다"는 잉그마르 베르히만(Ingmar Bergman)의 잠언처럼 연륜이 헛되지 않는 어른으로 계속 익어가려면, 높은 안목을 갖추도록 애써야 한다.

사람은 혼자 살아가도록 창조되지 않았다. 나이가 들수록 함께 어울려 살아야 한다. 산속에 들어가 혼자서 자유를 누리며 살고 싶다는 바람은 더불어 사랑하며 살아가도록 지으신 하나님의 창조 목적에 위배되는 것이다. 또한 관계의 어려움이 키워 낸 소극적인 바람일 수도 있다. 관계가 능력이다. 나이 들수록 소통하는 이웃과 친구가 필요하다. 상대방을 먼저 생각하고 배려하고 공감하고 다가가는 것이 관계를 만들어 간다.

마지막으로 그리스도인의 생애에서 반드시 수행해야 하는 과제가 하나 있다. 바로 나의 복음서를 쓰는 것이다. 마태, 마가, 누가, 요한이 각자 만난 예수님에 대한 글을 기록하지 않았다면, 오늘날 성경의 사복음서는 없었을 것이다. 이처럼 우리도 내가 만난 예수님의 일대기를 쓰는 것이 필요하다. 흔히 내가 살아온 이야기를 글로 쓰면 한 트럭도 더 될 것이라고 말하는 어른들이 많다. 그러나 그들은 한 줄도 남기지 않는다. 내가 주님을 만난 사건, 은혜를 받은 경험은 해가 갈수록 희미해진다. 그래서 그 감격과 은혜를 망각하고 옛날의 나로 돌아가서 좌절하기도 한다.

은퇴하면 시간이 많다. 자신을 돌아보며 하나님이 내게 해 주셨던 일들을 회상하면, 이전의 열정이 다시금 회복된다. 무엇보다 자신의 삶이 정리가 되기에, 앞으로 어떻게 살아야 할지 청사진이 보이기 시작한다. 또한 자녀들에게 믿음의 유산을 글로 남길 때, 훗날 자녀들이 또 그들의 자녀들에게 넘겨주면서 믿음의 계보가 이어질 것이다. 사도 바울이 사도행전 28장까지만 기록하고 그 뒤 29장부터는 우리로 하여금 써 내려가도록 남겨 놓은 것처럼 말이다.

은퇴! 내가 어떤 존재로 자리매김할 것인가를 먼저 생각하면 무엇을 해야 하는지는 자연스럽게 따라온다. 허락하신 새 땅에 들어가기 전 일할 것은 아직 많다. 그리스도인에게 은퇴란 당치 않은 소리다. 은퇴를 은퇴하라.

에반젤리스트란 '복음을 전파하는 전도자'라는 뜻의 기독
교 용어다. 그런데 애플 컴퓨터에서 이 단어를 사용하기 시
작하더니, 최근 들어선 글로벌 IT 기업들이 줄줄이 나서서 에
반젤리스트 조직을 만들고 있다. 이들은 제품을 파는 것이
아니다. 한마디로 전도를 하는 것이다. 믿음이 있어야 전도할
수 있는 것처럼, 판매자들도 자기가 취급하는 상품이 탁월하
다는 믿음이 필요하다.

마케팅의 핵심은 우수한 상품을 만들어 많은 소비자들로 하여금 구매를 촉진하는 것이다. 그리고 그 제품의 우수성에 대한 확신이 있어야 한다. '개종시키기보다 전도를 하라'는 정신의 에반젤리즘은 아주 좋은 제품을 마케팅할 때 먹힌다. '이 제품이야말로 당신이 진정 원했던 혜택을 줄 것이다. 가장 잘한 선택이다'라고 자신 있게 권할 수 있을 정도로, 그 취급 제품을 자기 삶의 일부처럼 받아들이는 데서 시작된다. 이렇듯 판매자가 제품과 열렬한 사랑에 빠져야만 소비자에게 적극적으로 권할 수 있고, 그 제품을 사용해 본 소비자들도 우수성을 인정하여 열렬히 주변 소비자들에게 홍보를 한다. 즉 '입소문'을 적극 활용한다는 마케팅 전략이다. 해당 기술을 다른 사람에게 전파하는 프로 집단이다.

여기서 주목할 대목은 바로 이들이 '에반젤리스트'란 명함을 가지고 다닌다는 것이다. 그들은 자사제품과 기술을 전파하기 위해 해당되는 전문지식과 정보를 상세히 알고 있어야 하며, 교육 현장을 방문해 오프라인 강의, SNS, 1:1 채팅 등을 통해 전파한다. IT기업뿐 아니라, 쇼핑업계에서도 계속해서 이런 에반젤리스트들을 모집하고 있다.

그런데 우리 기독교의 현주소는 어떤가? 하나님의 말씀이 진리인가? 현실적 상황이 진리인가? 복음은 예수 그리스도를 믿는 자들에게는 하나님의 능력이고 지혜이다.

세상의 마케팅도 물건을 파는 것이 아닌, 전도를 해야 한다는 쪽으로 패러다임의 전환이 이루어지고 있는데, 또한 기독교의 복음 전파 기법까지 차용하면서 변화에 살아남기 위해 분투하는데, 정작 그리스도인들은 너무 안일한 것이 아닌지 깊이 자성해야 한다. "…이 세대의 아들들이 자기 시대에 있어서는 빛의 아들들보다 더 지혜로움이니라"(눅 16:8)고 옳지 않은 청지기 비유를 들어 말씀하신 예수님의 말씀이 오늘날 우리에게 하시는 말씀으로 들린다.

진짜 복음을 가진 우리가 복음의 중요성을 인식하고 예수 그리스도와 사랑에 빠져야 한다. 그가 내 안에 있고, 내가 그 안에 있어서 온전한 연합을 이뤄야 한다. 그분을 어떻게 잘 전할 것인가 고민하고 기도하면서 하나님의 지혜와 능력을 구해야 한다. 목적이 분명하면 전략이 날카로워진다. 전도에는 전략이 필요하다.

나는 세상 사람들이 사용하는 이 에반젤리스트 명함이 우리에게 다시금 경종을 울리는 하나님의 메시지로 들린다. 나의 심비에 아로새겨진 에반젤리스트 명함을 지니고 다니며, 오늘도 주님과 사랑에 빠져 복음을 전하는 하늘의 메신저임을 선포한다.

할머니는
두레박
이다

"사람의 마음에 있는 모략은 깊은 물 같으니라 그
럴지라도 명철한 사람은 그것을 길어 내느니라"

잠 20:5

사람의 마음에는 좋은 생각과 지혜 그리고 그만의 재능이
깊은 우물처럼 잠재되어 있다. 이것을 길어 내는 두레박 같
은 사람, 그가 명철한 사람이 아니겠는가?

살아갈수록 나의 계획과 의도와는 다르게 주어지는 삶들이 있는 것 같다. 자녀를 결혼시키고 나면 내 할 일이 끝났으니, 그때부턴 전도를 하면서 살고 싶었다. 그런데 막상 손자가 태어나니 직장에 다니는 딸의 양육 책임이 내게로 넘어왔다. 하나님께서 다른 사람들의 영혼을 위해 전도하는 것도 중요하지만, 손자도 양육하고 전도하라는 마음을 주셨다.

돌이켜 보면 내 아이들을 키울 때는 초보 주부, 초보 아내, 초보 엄마인지라 모든 면에서 서투르고 여유가 없었다. 하지만 지금은 마음의 여유가 생긴 데다 정년퇴직을 한 남편의 지원까지 받을 수 있으니, 양육 환경이 나쁘지 않은 셈이다. 무엇보다 믿음으로 손자를 키우는 것도 의미가 있을 것 같았다. 육체적으로는 조금 힘들지만, 손자가 집에 들어오니 당장 집안에 생기가 돌았다. 보통 남편이 퇴직해서 집안에만 있을 경우 부부 갈등이 많다는데, 우리 부부는 아이로 인해 대화가 많아지고 웃을 일도 훨씬 더 많이 생겼다.

나는 손주들이 풍부한 상상력과 사고력으로 자신의 재능을 십분 발휘하며 살아갈 수 있도록 꾸준히 기도했다. 딸네 집과 거리가 멀어서 주말에만 아이를 데리고 가는 것이 안쓰러워, 우리 부부는 딸이 살고 있는 집 근처로 이사를 가기로 했다. 어른들이 나누는 이야기를 귀담아 들었는지 하루는 4살 된 손자가 걱정스러운 얼굴로 내게 물었다.

"할머니, 이사를 가면 이 아파트도 떼서 옮기는 거예요?"

생각지도 못한 질문에 나는 깜짝 놀랐다. 한번은 옷 뒷부분이 약간 쭈글쭈글해서 "옷이 우네" 했더니 아이는 눈을 동그랗게 뜨고 "옷이 어떻게 울어요?"라고 물었다. 아이들에겐 하루하루가 호기심 천국이고, 모든 게 질문의 대상이 된다는 걸 손자를 보면서 새삼 깨달았다.

손자에 이어 손녀까지 태어났다. 두 아이를 키우면서 나는 아이들과 함께 말씀을 암송했다. 발음도 잘 안 되는 아이가 몇 번이고 소리 내어 반복하더니, 성경구절을 암송하는 게 아닌가! 나는 그저 신기하기만 했다.

"마땅히 행할 길을 아이에게 가르치라 그리하면 늙어도 그것을 떠나지 아니하리라" 잠 22:6

그 후론 아침 식사 전에 손주들과 말씀을 읽고 나누었다. 그리고 그 말씀을 따라 각자 기도하게 했다. 어린아이라도 훈련하면 Q.T. 나눔이 가능하다는 것을 알게 되었다. 손녀딸은 유치원에 들어가기도 전에 시편 1편을 줄줄 암송했다. 그런 손녀가 신통방통해서 어느 날 유치원에 가려고 현관 앞에서 있는 아이를 불러 세워 다소 엉뚱하다 싶은 질문을 했다.

"지우야, 넌 의인이라고 생각해? 죄인이라고 생각해?"

할머니의 갑작스런 질문에, 아이는 고개를 갸우뚱하며 골똘히 생각에 잠기는 듯했다.

"음, 의인 같기도 한데, 가끔 거짓말도 조금씩 해서 아닌 것도 같고, 잘 모르겠어요."

"그러면 나중에 좀 더 생각해 봐."

손녀는 유치원에서 돌아오자마자 가방도 내려놓지 않은 채 또박또박 큰 소리로 자기의 생각을 펼쳤다.

"할머니, 생각해 봤는데요, 난 분명히 의인이에요. 의인은 여호와께서 인정하시지만 악인은 망한다고 했잖아요. 난 망하지 않을 거니까 의인 맞지요?"

"그럼 네가 거짓말하는 죄는 어떻게 해야 할까?"

나는 집요하게 질문을 했다. 손녀는 한참 생각하더니, 다시 입을 열었다.

"예수님께 잘못을 말하면 용서해 주신다고 했잖아요."

어린 손녀에게 꾸준히 복음을 전한 효과가 나타나기 시작했다. 어릴 때부터 질문을 통해 자녀 스스로 답을 찾아가도록 이끌어 준다는 유대인들의 하부르타 교육이 이런 맥락이었을까? 나는 손주들을 통해 조기 신앙교육이 얼마나 중요한

지를 실감했다.

어느덧 중학생이 된 손자가 사춘기를 맞이했는지, 방문을 꼭 잠그고 입까지 닫아 버렸다. 아무리 대화를 시도해 봐도 "딱히", "별로"와 같은 지극히 짧은 단어로 묻는 말에만 답할 뿐이었다.

나는 도서관에 가서 청소년기의 특징과 소통하는 법에 관한 책을 부지런히 탐독했다. 이때는 정체성의 혼란으로 동굴에 들어가고 싶은 시기란다. 그러니 억지로 동굴 속에 있는 아이를 꼬챙이로 꺼내려 하지 말라는 것이다. 배가 고프면 나오게 되어 있으니, 기다려 주라고 했다.

나는 아무 말도 하지 않고 손자에게 먹을 것만 열심히 챙겨 주었다. "넌 어쩌자고 문 닫고 방구석에만 틀어박혀 있니?"라는 잔소리를 하고 싶었지만, 꾹 참고 의식적으로 칭찬 거리를 찾아 칭찬 세례를 베풀었다. 그러자 손자는 방문을 열고 나오는 횟수가 늘어났다. 손자에게 칭찬과 인정의 말을 해 주는 것이 내 자녀들을 키울 때보다 다소 수월했다. 모르긴 해도 할머니라는 자리가 엄마보다는 욕심과 자존심을 내려놓기가 쉬워서일 것이다.

디지털 이민자인 나는 '디지털 원주민'인 손자에게 컴퓨터에 관해 적극적으로 도움을 요청했다. 아이는 신속하게 잘 가르쳐 주었다. 그럴 때마다 나는 "우리 사부님 최고!" 하며 감탄사와 칭찬을 아끼지 않았다. 이제는 진로와 비전에 대한 TV 프로그램도 손자와 같이 보면서 자연스러운 대화가 가능해졌다.

9살이 된 손녀와는 공원을 걸었다. 공원 도로변에 활짝 피어 있는 꽃들에게 시선을 빼앗기고 있는 아이에게 또 질문을 했다. 아이의 감성을 깨워 주고 싶어서였다.

"꽃이 지금 네게 무슨 말을 하는지 들리니? 한번 들어 보렴."

"꽃들이 말하는 걸 정말 들을 수 있어요?"

"그럼! '너도 나처럼 예쁘구나' 한단다. 꽃뿐만이 아니라 나무, 새, 구름과도 이야기를 나눌 수 있지. 그러면 누구나 시인이 되는 거야."

손녀는 자기의 생각을 잘 표현하며 감동도 잘하는 아이다. 하루는 설거지를 하고 있는 내게 오더니 "금방 시가 떠올랐다"며 한번 들어 봐 달라는 것이다.

해야, 구름아, 나 내일 소풍 가

해야, 내일 화 내지 마
그러면 너무 더워

나 내일 소풍 간다고

구름아, 내일 울지 마
그러면 내가 홀딱 젖을걸?
나 내일 소풍 간다고

해야, 구름아, 나 내일 소풍 가
야호!

  나는 다른 사람의 시를 외워 온 줄 알았다. 그래서 누가 지은 시냐고 물었다.
  "지금 내 머리에 떠올라서 말한 거예요."
  순간 아이를 의심한 게 미안해진 나는 시가 머리에 떠오르면 얼른 그 생각이 사라지기 전에 기록해 보라고 했다. 그랬더니 아이가 단숨에 시를 써 내려 가는 것이 아닌가. 그 후로 소파에서 넘어져 엉덩방아를 찧었을 때도, 친구 집에 갔다가 길을 잃었을 때도, 결혼한 외삼촌의 빈방에 햇살이 쏟아지는 풍경을 보고도 시로 표현했다. 나는 손녀에게 이런 시적 감각이 있는 줄은 미처 몰랐다. 그리고 무릎을 치며 깨달은 게 있다.

'아하! 할머니는 아이들 속에 있는 잠재력을 길어 올려 주는 두레박 역할을 하면 되는 거구나.'

나중에 손주들이 어른이 됐을 때, 나를 어떤 사람으로 기억해 줄지 문득 궁금해졌다. 욕심이겠지만 "할머니는 하나님의 말씀으로 우리를 키우셨고 나의 재능과 잠재력을 길러 주신 두레박이셨다"는 말을 듣고 싶다.

그동안 꾸준히 전도를 하면서, 올해로 15년째 아이들을 키우고 있다. 두레박은 우물 속에서 물을 길어 낼 때 이미 생수를 맛보기에 에너지가 솟아난다. 육체의 피곤함은 열정과 기쁨을 이기지 못한다. 이 땅의 할머니들이 다음 세대로 하여금 감탄과 칭찬으로 잠재력을 길어 올리는 두레박이 되어 준다면 이 세상은 아직 희망을 걸어 볼 만하지 않을까?

자녀가 손주들을 부탁하면 흔쾌히 수락하라고 말하고 싶다. 손주들까지 키우다 보면 내 남은 인생마저 허비한다는 고정관념에서 벗어나, 상생과 동역 관계가 주는 놀라운 기쁨을 누리길 바란다.

우리 함께 손주들에게 복음을 전하며, 그들의 잠재력을 퍼 올리는 신선한 두레박이 되어 보자.

인생은
스토리텔링
이다

 "호랑이는 죽어서 가죽을 남기고 사람은 죽어서 이름을 남
긴다"는 속담이 있다. 사람이 이름을 남긴다는 것은 자기 이
야기를 남긴다는 뜻이다. '강연 100도씨'라는 TV 프로그램이
있다. 여기에 나오는 사람들은 하나같이 어려운 환경 속에서
역경을 딛고 일어난 스토리를 가진, 역전 드라마의 주인공들
이다. 그런데 나의 지나온 삶을 돌아보니, 그렇게 굴곡지거나
드라마틱한 삶이 아닌, 그저 평범한 인생이었다.

'뭐야, 난 스토리가 없잖아. 나만의 독특한 스토리가.'

나는 '진한 삶의 이야기'를 지닌 사람이 부러웠다. 'TV 아침마당 출연하기' 등 거창하게 꿈과 목표를 세우고 공개 선언하면서 가슴이 뛰었다가, 스토리가 없는 나 자신이 초라하게 느껴지고 실망이 되었다. 그 순간, 섬광같이 스쳐가는 생각이 있었다.

'평범한 것, 그게 네 스토리야. 많은 사람들도 너처럼 그냥 평범해. 평범한 사람이 꿈을 꾸면 어떻게 되는지 네 얘길 하면 돼.'

마치 하나님의 음성 같았다. 다시 가슴이 뛰기 시작했다.

우리는 요리할 때, 먼저 냉장고 문을 연다. 그 안에 무슨 재료가 있나 살펴보고 그 재료들을 꺼내서 요리를 한다. 아침에 냉장고 문을 열어 보니, 풋고추, 달래, 두부가 눈에 띈다. "그래, 오늘 아침 메뉴는 된장찌개다."

이처럼 인생에도 냉장고 문이 있다. 거기에는 지금까지 살아오면서 만난 수많은 인연들, 크고 작은 성공과 실패의 경험과 생각의 조각들이 들어 있다. 과거만이 아니라, 현재와 미래의 재료들도 있다. 하나씩 끄집어내 보면 고구마 줄기처럼 주렁주렁 달려 나오는 열등감, 상처, 분노, 기쁨, 감동 등의 재료가 무궁무진하다.

인생은 스토리다. 자기 스토리가 없는 사람은 없다. 내가 가진 재료는 나만이 가진 유일한 것이기에 최고의 재료이다. 단지 이 스토리를 어떻게 요리하느냐가 중요하다. 바로 스토리에 옷을 입히는 것이 스토리텔링이다. 어떤 사건에 대해 어떻게 해석하고 어떤 의미로 스토리텔링 하느냐에 따라 불행해지기도 하고 행복해지기도 한다. 역경을 이기고 성공한 사람들의 공통점은 자신의 고난에 대해 긍정적인 의미를 부여하고 긍정적인 스토리텔링을 하는 능력을 지녔다. 과거의 나를 재해석하고, 현재의 나를 인식한다. 그리고 미래의 청사진을 그리는 것이다.

나는 큰 굴곡이 없는 평범한 인생을 살았다. 평범했다는 것은 고생을 하지 않았다는 뜻이 아니라, 열심히 성실하게 살았지만 큰 꿈과 목표가 없었다는 것이다. 현재에 충실하게 살면 된다는 생각이었기에 현실을 뛰어넘지 못했다. 멀리 보는 눈이 없었다. 그런데 내 인생의 획을 긋는 두 번의 터닝 포인트가 있었다.

첫 번째는 교직생활 6년 후 평범한 주부로 안착, 아내와 엄마로 사는 것이 '나'라고 생각하며 살았던 내게 남편의 허리 디스크란 병으로 절망이 찾아왔을 때이다. 그 병이 죽을병이 아닌데도 어처구니없게도 '절망은 죽음에 이르는 병'이라는 키에르케고르의 말이 실감이 날 정도로 나는 '내 인생 끝났다'고 좌절했다. 남편의 병이 문제가 아니라 초라하고 무능한 나 자신에게 실망했기 때문이다. 그때 처음으로 인생의 근원적인 질문을 했다. '하나님, 정말 살아 계십니까? 난 도대체 누군가요?' 하며 방황과 혼돈 속을 헤매었다.

1989년 여름 새벽 가로등 불빛 속에서 비둘기 같은 형상이 내게 내려앉는 듯하더니 "넌 아주 소중해. 네 존재 자체가 나의 기쁨이야" 하는 마음의 울림이 있었다. 분명 내가 형편없고 쓸모없는 자로 여겨져 죽을 것 같았는데, 내 존재 자체가 그분의 기쁨이라니 믿기지 않았다.

그런데 놀라운 일은 그때 내 안에 말할 수 없는 평안이 밀려왔고, 세상이 온통 환희에 차 보였다는 것이다. 상황은 하나도 달라진 것이 없었지만, 기쁨이 내 안에서 샘물처럼 솟아나고 있었다. 처음으로 하나님의 임재를 경험했다. 나는 감격해서 몇 날 며칠을 울며 다녔다. 나의 가치가 사람이나 환경에 있지 않고 내 존재 자체에 있다는 정체성이 생겼다. 나는 이것을 사람들에게 나누고 싶어 전도를 하게 되었다. 병원, 요양원 등 아프거나 절망에 빠진 사람들을 찾아다녔다. 하나님과의 만남이 내 인생의 전환점이 되었다.

두 번째는 2012년 의왕 시민스피치교실에서 박진호 교수님을 만났을 때이다. "열심히 성실하게 사는 것보다 더 중요한 것은 꿈과 비전입니다. 자기 하는 일에 전문성을 갖추십시오"라는 그분의 말씀은 내게 큰 충격이었다. 전문성은 특별한 사람들의 전유물인 줄 알았다. 평범한 아낙네인 나는 꿈도 꾼 적이 없었다. 다만 전도를 하다 보니 전도한 경험을 나누었고 교회 전도학교에서 강의를 하게 되었다. 어떻게 하면 강의를 쉽고 지루하지 않게 할까가 늘 고민이었다. 그러다가 우연히 벽보를 보고 스피치 강좌를 신청하게 되었다. 결코 우연이 아닌 하나님의 섭리였다. 평범한 아줌마에서 할머니로 늙어갈 뻔했던 나를 만년 소녀로 변신하게 하여, 여러 곳에서 전도 강의와 스피치 강의를 할 수 있게 만든 삶의 전환점이 되었다.

요즘 젊은 사람이나 나이 든 사람이나 할 것 없이 꿈이 없어서 방황하고 불평하며 살아가는 사람들이 많다. 그래서 더욱 옛날 유물이나 유적지를 발굴하는 고고학자처럼 나의 정체성과 내 안에 내재되어 있는 잠재력을 발굴하여 꿈과 비전을 심어 주는 강사가 되고 싶다.

우리는 우리 안에 보물이 될 원석들을 수없이 갖고 있다. 평범한 사람들의 잠재력은 아직 항해하지 않은 대양과 같고 탐험하지 않은 신대륙과 같다.

요즘 음식점에 가면 코인티슈를 내놓기도 한다. 동전 형태로 물티슈를 만들어 압축한 것이다. 압축되어 있는 것만으로 물티슈의 구실을 할 수 없다. 코인티슈가 물속에 던져져야 활짝 펼쳐져 제 사명을 다한다. 마찬가지로 우리 각 사람에게 하나님이 주신 나만의 장점, 잠재력이 압축되어 있다. 이것을 잘 발굴해서 세상을 향해 펼쳐야 한다. 내 정체성과 잠재력을 발굴하면 반드시 비전을 갖는다. 비전은 현재에서 미래를 보는 것이 아니다. 미래에서 현재를 앞당겨 보는 것이다.

"나는 모든 면에서 날마다 좋아지고 있다."

나는 이 말을 즐겨 한다. 그런데 어느 날 '내가 날마다 좋아지고 있는 것이 언제까지며, 클라이맥스가 언제일까? 좀 후한 점수를 줘서 80~90세이고 그 후에는 더 이상 좋아지지 않나?' 하고 생각하니 마음이 급해지고 서글퍼졌다. 그런데 '죽음이 내 인생의 클라이맥스다'라는 생각에 미치니, 앞이 대낮같이 환해졌다. 그래서 내 장례식에 올 조문객들을 위해 비디오테이프를 만들고 싶었다. 3분 스피치를 영상에 담아서 오는 분들이 편안히 식사하면서 볼 수 있는 전도 영상 말이다.

"안녕하십니까? 전반보다 후반 인생이 더 아름다운 만년 소녀 박인숙입니다. 이렇게 비 오는 날씨에 저의 마지막 길을 배웅해 주셔서 진심으로 감사드립니다. 제 인생은 한마디로 서프라이즈입니다. 저는 주님의 은혜로 모든 일에 날마다 좋아지고 있다가 최고의 클라이맥스까지 왔습니다. 그러나 더 좋은 것은 아직 오지 않았습니다. 이제 이 세상의 문을 닫고 저 세상의 문을 열고 들어갑니다. 저 세상은 더 좋은 곳입니다. 고통도 눈물도 없고 날마다 새로움이 있는 곳이어서 기대가 됩니다."

이렇게 말하며 그 좋은 곳에 어떻게 올 수 있는지 복음을 전하면서 장례식이 아닌 환송식이 되도록 스토리텔링을 하려고 한다. 죽는 순간까지도 복음을 전하고 싶다. 그런데 내 장례식에 비가 올지 안 올지 알 수가 없다. 그래서 화창한 날부터 눈, 비, 궂은 날씨까지 각각 다른 인사말을 담은 테이프를 준비했다. 생각만 해도 마음이 설렌다.

죽음, 어둠, 절망이 문제가 아니라, 희망, 꿈이 없는 것이 문제이다. 사람을 평범하게 만드는 것은 그 사람의 재능이 평범해서가 아니라, 그 사람의 꿈이 평범하기 때문이다. 사람을 위대하게 만드는 것은 꿈이 위대하기 때문이다. 평범한 사람이 꿈을 꾸면 비범한 인생이 된다. 인생의 스토리를 부정적인 시꺼먼 비닐봉지에 담지 말고 멋지게 스토리텔링을 하여 투명한 미래를 활짝 열어 보자.

자존심
에서
자존감으로

　"나! 자존심 하나로 산다"고 말하는 사람들이 있다. 자존심
이란 다른 사람과 비교해 '너보다 못하지 않아' 하면서 능력
이나 성과를 통해 자신을 스스로 높이는 마음이다. 자존심이
강한 사람은 우월감과 열등감의 양면성을 갖고 있다. 성공할
때는 다른 사람을 무시하며 상처를 입히기도 한다. 그러나
실패하면 쉽게 상처를 받고 분노한다. 실패하면 실패한 나
를 '나'로 규정하며 다른 사람들도 자신을 실패자로 여긴다

고 생각한다. 자존심이 강하면 내가 나를 보호하고 방어해야 하므로 눈에 힘이 들어가 마음의 여유가 없어진다. 사람들이 옆에 가길 꺼려 하여 자기 생각에 갇히기 쉽다.

이와 반대로 자존감이란 타인과 비교하거나 성과에 관계 없이 '나는 소중한 사람'이라 믿으며 자신의 존재를 귀하게 여기는 마음이다. 자존감이 높은 사람은 다른 사람도 소중하게 여긴다. 또한 자신에 대한 긍지가 있기에, 남의 말에 크게 상처받지 않는다. 남의 평가에 연연하지 않는 의연함과 당당함이 매력으로 작용하기에, 주변 사람들이 호감을 갖게 마련이다.

전도자는 자존감이 높아야 한다. 가장 강력한 스펙은 학력이나 자격증이 아니다. 자존감이야말로 최고의 스펙이다. 자존감은 노력해서 얻는 것이 아니라, 내가 누군지 아는 '정체성'에서 나온다.

나는 예배시간에 짧은 영상으로 편집된 애니메이션 〈라이언 킹〉을 보았는데, 그리스도인의 정체성과 닮아 있어 오랫동안 기억에 남았다. 사자의 왕국을 다스리는 왕 무사파에게는 어린 아들 심바가 있다. 삼촌이 왕위를 차지하려고 형을 죽음으로 몰고 갔고, 심바에게 죄를 뒤집어씌워 추방시킨다. 어른이 된 심바는 빼앗긴 왕국을 되찾고 싶지만 두려워하며 아버지를 그리워한다. 이때 연못에 비춰진 자기의 모습 속에서 아버지의 모습을 본다.

"아버지는 네 안에 있어. 네가 자신이 누군지 잊어버렸기에 나를 잊어버린 거야. 네가 누군지 기억해라. 넌 내 아들이자 유일한 왕이다."

아버지의 목소리를 들은 심바는 숱한 고난 끝에 자신의 왕국을 되찾는다.

이처럼 정체성을 알면 자존감이 절로 생긴다.

> "보라 아버지께서 어떠한 사랑을 우리에게 베푸
> 사 하나님의 자녀라 일컬음을 받게 하셨는가…"
>
> 요일 3:1

하나님의 사랑을 모르는 것은 내가 누군지, 어떤 사랑을 받았는지 잊었기 때문이다. 우리는 십자가에서 아들을 내어 주기까지 사랑하신 하나님 아버지의 사랑을 받은 자들이다. 비교의식과 열등감에 시달리지 않아도 된다.

〈임금님 귀는 당나귀 귀〉라는 설화를 바탕으로 꾸며진 동화가 있다. 임금의 자리에 오른 뒤 갑자기 귀가 길어져서 당나귀 귀처럼 된 왕은 자신의 귀를 숨기려고 자신의 두건을 만든 사람들을 처형한다. 한 두건 제작자가 죽기 직전 대나무 숲에 들어가 "임금님 귀는 당나귀 귀" 하고 외친다. 그때부터 바람이 불면 대나무 숲에서 "임금님 귀는 당나귀 귀"라는 소리가 들려, 온 나라에 소문이 퍼졌다. 만약에 자존감이 높은 왕이었다면 '나는 왜 이렇게 남보다 귀가 커졌을까? 이건 백성의 소리를 잘 들으라는 의미구나' 하고 받아들였을 것이다. 자존감이 높은 사람은 자신을 있는 모습 그대로 받아들일 줄 안다. 자존감이 낮으면 창피해하며 자신에 대해 누군가가 말하는 것을 두려워한다. 못난 자신을 인정하기 싫어하며 자신을 합리화하려는 경향이 있다.

나는 주님을 영접한 후 자신에 대한 정체성을 발견하게 됐지만, 때론 옛 습관의 잔재들이 남아 나를 힘들게 할 때가 있었다. 믿지 않는 남편 앞에서 부족하거나 나약한 모습을 보이면 믿음에 걸림돌이 된다는 잘못된 생각을 했다. 좀 힘들고 아파도 남편이 '당신이 믿는 하나님이 왜 고쳐 주지 않느냐'고 할 것 같아서 혼자 끙끙거리며 내색하지 않았다. 완벽해 보이려고 애쓰며 남편이 은혜를 받는 자리에 참석하도록 다양하게 시도만 했을 뿐, 힘든 남편의 마음을 읽을 줄은 몰랐다.

그러던 어느 날 둘이서 여행을 떠났다. 자존심이 강한 남편

은 처음으로 직장에서 힘든 일들을 술의 힘을 빌려 내게 털어
놓았다. 나는 그때 크게 깨달은 것이 있었다. 진정한 자존감
은 내가 누군지를 아는 것과 동시에 다른 사람의 힘든 감정을
읽고 공감해 주는 것이라는 사실이다. 또한 정체성이 회복되
어도 자신 안에 있는 열등감을 감추지 말고 있는 그대로 표현
하는 게 소통의 시작임도 알았다. 나는 남편에게 "당신의 힘
든 마음을 읽지 못해 미안해요"라고 진심으로 사과했다.

이후 우리 부부는 차츰 가까워지기 시작했다. 나는 아프면
아프다고 곧잘 이야기했다. 그런 나를 남편은 핀잔하기는커
녕 잘 받아 주었다. 나는 즉흥적이고 적극적인데 반해, 남편
은 이성적이고 신중한 성격이다. "난 이렇게 실수가 많아요.
그래서 당신이 필요해요" 하면 남편은 묵묵히 받아 주고 뒤
처리를 해주기도 한다. 45년을 함께 살다 보니 이젠 남편이
가장 편한 친구다.

전도를 할 땐 상대방의 자존심을 건드리지 않고 '있는 그
대로 받아들인다'는 원칙이 필요하다. 논리적으로 말을 잘
하는 사람보다는 그를 소중하게 여기는 사람에게 마음이 끌
린다. 헨리 나우웬(Henry Nouwen)은 누구를 만나든지 그 사람
에게 100% 집중했다고 한다. 마치 내가 세상에서 가장 멋지
고 소중한 사람인 것처럼 느끼도록 했다는 것이다.

문제와 갈등을 순식간에 해결하는 방법은 다른 사람의 팔에 자존감이란 영양제를 놓아 주는 것이다. 메리 케이 화장품 회사 대표 메리 케이(Mary Kay)의 말을 빌리면, 사람들은 '나를 소중하게 생각해 주세요'라는 보이지 않는 목걸이를 달고 있다고 한다. 자신을 소중하게 생각하는 사람이 타인을 소중하게 생각한다. 근거 없는 자신감만으로는 그럴 수 없다. 예수 그리스도를 소유한 자만이 보배롭고 존귀한 존재이기에, 근거 있는 자신감을 가진 사람만이 이 일을 할 수 있다.

나는 오늘도 내 안에 있는 자존심이라는 상자를 미련 없이 부수어 버린다. 그리고 하나님이 걸어 주신 보이지 않는 자존감의 목걸이를 만져 보며 옆 사람 목에 걸린 글귀를 읽는다.

"나를 소중하게 생각해 주세요!"

갈매기의 꿈,
전도자의 꿈

어렸을 적에 리처드 바크(Richard Bach)의 《갈매기의 꿈》을 펵 감동 깊게 읽었다. 그런데 전도자가 되어 다시 읽어 보니 "높이 나는 새가 멀리 본다"는 교훈이 새로운 시각으로 다가 왔다.

"우리 갈매기들에게 중요한 것은 나는 것이 아니라 먹이를 구하는 것이다."

"우린 단지 먹기 위해서 그리고 될 수 있는 한 오래 살아남기 위해서 이 세상에 던져진 것이다. 그 이상은 알 필요도 없고 알 수도 없다."

갈매기들 세계의 고착된 생존법 앞에서, 그 어떤 갈매기도 반기를 들거나 이의를 제기하지 않고 모두 그러려니 하고 살아간다. 조나단 리빙스턴 시걸 역시 여느 갈매기들처럼, 방파제와 고기잡이배 주위를 돌면서 꽥꽥 소리 지르며 다투었다. 빵조각이나 물고기가 눈에 띄면 쏜살같이 날아가 잡아채서 배고픔을 해결했다. 그런데 이러한 일상은 조나단에게 조금도 삶의 의미가 되어 주지 못했다. 그저 지루하며 시시하게만 여겨졌다. "뼈와 깃털뿐이라도 상관없다. 지금 알고 싶은 건 내가 공중에서 무엇을 할 수 있고, 무엇을 할 수 없는가뿐이다"라며 1천 피트 공중에서 온 힘을 다해 날갯짓을 한다. 그러나 그는 균형을 잃고 곤두박질치게 된다. 그제야 갈매기들이 왜 수직으로 급강하하지 못하는지를 깨닫는다. 이에 굴하지 않고 이단아처럼 조나단은 난다는 것의 의미를 찾기 위해, 먹이 이상의 것을 찾으려고 몸부림치며 여러 가지 비행을 시도한다. 그 과정에서 머리도 부딪치고 날개도 찢어지는 아픔과 실패를 경험한다.

"별 수 없어, 조나단. 넌 한 마리 갈매기일 뿐이야. 원래의 너로 만족해야 해."

새로운 어떤 것에 도전하지 않아도 되고, 패배감을 맛보지 않아도 되는 평범한 갈매기로 살아가면 마음이 편할 것이라는 유혹이 몰려왔다.

그때 어떤 목소리가 울렸다.

"갈매기들은 결코 어둠 속을 날지 않아. 어둠 속을 날려면 올빼미의 눈을 하고 있어야 해! 매처럼 날개가 짧아야 해!"

조나단은 이 목소리를 듣고 중요한 원리를 발견한다.

'올빼미의 눈, 매처럼 짧은 날개, 바로 이것이 해답이었어.'

조나단은 죽음이나 실패에 대한 두려움을 생각할 겨를도 없이 피나는 연습을 거듭한다. 공중제비 넘기, 느리게 옆으로 돌기, 바람개비처럼 돌기, 거꾸로 뒤집으면서 돌기 등의 비행법을 마침내 알아낸다.

갈매기들은 먹이에만 매달리는 그런 새가 아니었다. 창공을 맘껏 활공하면서 자유를 누릴 수 있는 존재임을 조나단은 발견한 것이다. 갈매기들을 자유롭게 만드는 법만이 참다운 법이라는 것을 깨닫고 한계에 도전하는 가운데 조나단의 가슴은 벅차오르기 시작했다.

'난 완전한 갈매기, 능력의 한계가 없는 완전한 갈매기야!'

주위의 따가운 시선에 마음을 빼앗기지 않고, 조나단은 자신의 꿈에 몰입한다.

빵 한 조각보다는 '더 높이, 더 멀리' 나는 것이 중요하다고 생각하는 모험가 조나단은 높이 날게 되면서 멀리까지 보는 눈이 생겼다. 갈매기들이 왜 그렇게 빨리 죽어 가는지도 알게 되었다. 매일 같은 생활에서 오는 지리멸렬과 짜증, 그리고 먹이를 얻지 못하면 어쩌나, 또 빼앗기면 어쩌나 하는 두려움 같은 것에 시달리기 때문이었다.

먹이를 구하기 위해 살아가는 갈매기들의 삶을 보면서, 나는 치열한 경쟁 사회 속에서 하루도 쉼 없이 일하면서도 마음의 평안을 얻지 못하고 불안과 분노와 원망을 쏟아내는 현대인들의 군상을 보는 것 같았다.

김훈 작가의 《밥벌이의 지겨움》이란 책이 있다. 그 책에 이런 구절이 나온다.

"밥벌이에는 대책이 없다. 한 끼, 두 끼 먹어서 되는 일이 아니다. 죽는 날까지 때가 되면 반드시 먹어야 한다. 이것이 밥이다. 이것이 진저리나는 밥이다."

그러고는 마지막에 "친구들아, 아무 대책이 없다. 그러나 우리들의 목표는 끝끝내 밥벌이는 아니다" 하면서 여운을 남긴다.

갈매기들처럼 우리 인생도 먹기 위해 일하는 것일까? 죽는 날까지 먹어야 하는 이 밥에 어떤 의미와 대책은 없는 것일까? 그 해답은 조나단처럼 어떤 분, 곧 나를 창조하신 분의 음성을 듣는 것이다. 하나님이 나를 이 땅에 보내신 이유와 내게 주신 소명이 무엇인지를 아는 것이다.

사실 그리스도인은 누구보다 열심히 살아간다. 일도 열심히 하고 주일 성수와 봉사도 성심껏 한다. 하지만 신앙과 생활이 하나가 되지 않으면, 아무리 열심을 내도 삶에 생기가 없다. 삶의 진정한 의미와 가치를 발견하지 못했기 때문이다. 일상과 신앙이 분리되지 않고 연합된 삶을 살려면, 내가 서 있는 곳에서 주님의 음성을 듣고 순종하는 것만이 답이다. 밥벌이의 대책은 다른 게 아니다. 밥에다 복음을 담고 있어야 한다. 밥벌이에 꿈과 복음을 담고 있으면, 더 이상 지겨운 밥벌이가 아니다. 어디서 무슨 일을 하든, 임마누엘 하나님이 나와 함께하신다는 믿음이 있기에 삶에 윤기가 돈다. 그 하나님이 당신과도 함께한다고 전할 때, 내 안에서 엔도르핀이 솟는다.

사람들은 삶의 짜릿함을 느끼고 싶어 롤러코스터, 암벽 등반, 번지점프 등 모험을 즐긴다. 그런 스릴을 경험해 보는 것도 나쁘진 않다. 하지만 진정으로 '살아 있음'을 느끼고 싶다면, 우리를 새롭게 하시는 복음을 전해 보자. 뻔하다고 느껴온 내 인생이 펀(fun)한 인생으로 바뀌는 것을 경험하게 될 것이다.

　우리 인생의 밥벌이에는 분명한 대책이 있다. 조나단은 자기가 발견한 진리를 다른 갈매기들에게 가르쳐 주는 것이야말로 사랑을 실천하는 방법이라 생각하고 그 꿈을 전수한다. 빵 한 조각보다는 '높이, 멀리' 나는 것이 더 중요하다고 생각하는 조나단처럼, 오늘도 나는 내게 주어진 일을 하면서 복음과 비전을 전하는 전도자의 길을 즐겁게 걷는다.

내 인생에
제목을
달다

　새에게 있어 가장 중요한 것은 날개이다. 날개가 있어야 멀리 그리고 높이 날 수가 있다. 가장 높이 나는 새가 가장 멀리 본다. 인생도 높이 날고 멀리 보려면 날개가 필요하다. 날개를 다는 것은 내 인생에 제목을 다는 것이다. 제목이 있는 인생과 제목이 없는 인생은 사뭇 다르다.

　서점에서 책을 살 때 나는 제일 먼저 책의 제목부터 본다. 제목은 책의 얼굴이고 첫인상이기 때문이다. 베스트셀러는 대개 제목이 좋다. 수년 전 켄 블랜차드(Ken Blanchard)의 책 《Well done》이 우리나라에서 《You Excellent》라는 제목으로 바뀌어 출간되었다. 출판사에서는 베스트셀러를 기대했지만 3만 부 정도 팔리는 데 그쳤다. 그 후 다시 제목을 바꾸고 난 뒤 100만 부 이상이 팔렸다. 그 책 제목이 우리에게 잘 알려진 《칭찬은 고래도 춤추게 한다》이다.

나는 이 이야기를 듣고 제목을 어떻게 다느냐에 따라 기업의 마케팅 결과물은 물론 우리 인생의 판도를 바꿔 놓는다는 것을 알게 되었다. 1991년 일본 아오모리 현에 초속 40m의 초강력 태풍이 불어 과수원의 과일이 채 익기 전에 떨어져 버렸다. 대다수 마을 주민들이 한 해 농사를 망쳤다고 망연자실하고 있을 때, 한 과수원 주인은 떨어진 사과를 보지 않고 매달려 있는 사과에 집중했다. 고3 수험생을 둔 부모에게 '태풍에 견딘 행운의 사과'란 제목으로 포장해서 팔았다. 그래서 과수원 주인은 풍년이 들었을 때보다 더 큰 돈을 벌었다. 이처럼 제목 달기를 잘 하면 극적인 반전 가능성이 높다. 트럭 운전사가 자주 배달사고를 내기에, 이들에게 자긍심을 심어 주려고 '마스터 킴(달인 김)'이라고 새겨진 명찰을 달아 주었더니 사고가 줄었다는 통계도 있다. 옷의 빅 사이즈를 퀸 사이즈로 바꾸어 달자, 매출이 상승했다는 이야기도 있다.

교회에서 아웃리치를 가면 어르신들의 영정 사진을 찍어 드린다. '영정 사진' 대신 '장수 사진'을 찍어 드린다고 했더니 신나서 달려오시는 분들이 많았다. 브랜드 네이밍으로 가왕 조용필, 기부천사 김장훈, 션 등의 연예인은 남들과 구별되는 이미지 구축을 하고 있다. 그 이름이야 남들이 붙여 준 타이틀이지만, 자신이 되고 싶은 이미지를 스스로 만들어 자기에게 달아 주는 것도 긍정 효과가 있지 않을까?

내 인생에도 어떤 제목을 붙여 줄까를 놓고 고민한 적이 있었다. 내가 중학교 다닐 때 한창 유행하던 노래가 생각났다. 조애희 씨가 부른 '내 이름은 소녀'이다. 그 시절 우리는 가사를 이렇게 바꿔 노래를 불렀다.

'My name is 소녀 Dream도 많고요 My name is 소녀 Speech도 많지요.'

만년설, 만년필이란 단어가 떠오르면서 '만년 소녀'가 연상되었다. 저물 만(晚), 저물어 가는 소녀가 아니라, 일만 만(萬)의 영원한 소녀가 좋을 것 같았다. 그날부터 나를 소개할 때 '꿈꾸는 만년 소녀'라는 애칭을 넣어 말했다. 듣는 사람들이 내게 잘 어울린다고 했다. 희한하게도 자꾸 사용하게 되니, 마치 소녀가 된 듯했다. 그리고 꿈을 꾸기 시작했다. 지금은 스피치 강의, 전도 강의 등 여러 곳을 다니며 꿈과 복음을 전하고 있다. 이렇게 내 인생에 제목을 달고 보니, 힘들고 포기하고 싶을 때도 '아냐, 난 만년 소녀지' 하고 스스로 제목을 떠올리며 털고 일어나기도 한다.

내 인생의 소제목도 달았다. '꿈을 길어 올려 주는 마중물'이다. 복음을 전하는 것은 누군가의 인생에 개입하는 것이다. 사람에겐 누구나 자기 안의 꿈, 잠재력, 천재성이 깊이 내재되어 있다. 자기 안에 보석 같은 장점이 있다. 그것을 모르거나 자기 안의 강점을 끌어내지 못해서 자기 스스로를 무능하다고 낙인찍는다. 사람들에게 "꿈이 뭐예요?" 하고 질문하면, 돌아오는 대답은 각양각색이다.

"몸이 아픈데, 꿈은 무슨 꿈, 낫는 게 꿈이지."

"먹고살기 바쁜데, 꿈 같은 소리 하네."

"이 나이에 무슨 꿈이 있겠는가? 건강하게 살다 가는 거지."

대체로 부정적이거나 소극적이거나 꿈에 대해 생각해 본 적이 없다는 답변들이다.

"꿈 같은 소리를 해야 꿈을 이룹니다. 하나님은 각자에게 꿈을 주셨어요. 지금부터 꿈을 찾아보세요. 내가 좋아하는 것이 뭘까? 내가 잘하는 것이 뭘까? 현재 상황은 어렵지만 내가 하고 싶었던 것은 뭘까? 찾아보시면 반드시 나옵니다."

내가 이렇게 말할 때 사람들의 얼굴이 빛나기 시작하는 것을 많이 보았다. 꿈은 우리를 움직이게 하는 원동력이다. 꿈이 있으면 질병이나 상황보다 꿈에 에너지를 더 쏟기에 빨리 회복된다. 꿈이 있으면 쉽게 지치지 않고, 힘들어도 다시 일어선다.

'아플수록 꿈꾸자. 없을수록 꿈꾸자. 나이 들수록 꿈꾸자. 바쁠수록 꿈꾸자.'

이 한 바가지 마중물을 부어 주면 내면에 잠재되어 있었던 꿈들이 꿈틀거리며 올라오기 시작한다. 그러면 자기 인생에 제목을 달아 보라고 권면한다.

"이름에 별 성(星)자가 들어가면 외롭게 사는 운명이라고 누군가 성명학 풀이를 해 주었어요. 그래서 내 인생이 외로운가 봐요"라고 한 간병인이 말했다. 나는 "별은 어두울수록 더 빛나요. 하나님이 별과 같이 사는 인생으로 부르셨어요. 이제부터는 '어두울 때 빛을 내는 별 같은 여인'이라고 제목을 바꿔 보세요" 했더니, 이분이 마음을 열고 복음을 받아들였다.

나는 김춘수 시인의 '꽃'이란 시 중 몇 부분을 이렇게 대입해 보았다.

내가 내 인생에 제목을 달아 주기 전에는

나는 다만 하나의 몸짓에 지나지 않았다

내가 내 인생에 제목을 달아 주었을 때

나는

비로소 만년 소녀라는 이름의 꽃이 되었다.

"하나님이 어떤 '나'로 부르셨는지, 나에게만 주신 나의 빛깔과 향기에 알맞은 내 인생의 제목을 달아 보세요. 나만의 스토리, 나만의 콘텐츠를 찾아보세요. 주님이 이름을 불러 주실 때 응답하면, 몸짓에 불과하던 나는 하늘나라의 꽃으로 피어납니다. 나는 1+1 끼워 팔기 상품이 아니라 Only one 명품입니다."

이렇게 한 바가지 마중물이 되어 스스로 제목을 달아 보게끔 권면하고 있다. 나는 다른 사람들의 이야기를 귀담아 듣고, 상대방의 말을 한마디로 요약하고, 그의 인생에 알맞은 제목을 달아 줌으로써 복음을 쉽게 전하는 하늘나라 보험 왕이 되고 싶다.

오늘도 '꿈꾸는 만년 소녀'로 내 인생의 제목을 달고 높은 하늘을 날아간다.

시니어 군대여,
일어나라!

하나님께서 마른 뼈가 가득한 골짜기에서 에스겔에게 말씀하신다.

> "…인자야 이 뼈들이 능히 살 수 있겠느냐 하시기
> 로 내가 대답하되 주 여호와여 주께서 아시나이다
> 또 내게 이르시되 너는 이 모든 뼈에게 대언하여
> 이르기를 너희 마른 뼈들아 여호와의 말씀을 들을
> 지어다…내가 생기를 너희에게 들어가게 하리니
> 너희가 살아나리라…" 겔 37:3-5

1970년대 한국 땅에 성령의 바람이 불어서 마른 뼈들이 많이 살아났다. 나도 그때 마른 뼈였는데 살아났다. 하나님의 군대가 된 그때의 마른 뼈들이 이제 시니어가 되었다. 하나님은 그들도 여전히 군대라고 내게 말씀하셨다.

> "…청년들아 내가 너희에게 쓴 것은 너희가 강하고 하나님의 말씀이 너희 안에 거하시며 너희가 흉악한 자를 이기었음이라" 요일 2:14

하나님께서는 육체적인 젊음을 청년이라고 말씀하지 않으셨다. 하나님의 말씀이 그의 안에 있고 악한 자를 이길 힘이 있는 자가 바로 청년이다. 시니어 세대는 복음을 가졌다. 능력도 있고 사회 경험도 있다. 시간도 있고, 앞을 뚫고 나가는 돌파력과 추진력도 있다. 젊은이들은 가사와 자녀양육의 시기여서 전도에 전념하기엔 무리가 있다. 그러나 시니어들은 비교적 그런 것에서 자유하다. 차세대 전도, 외국인 전도, 선교 등의 한몫을 담당하는 시니어가 하나님 나라의 고급인력이다.

제3국에 가서 수박재배, 양계 등 농사법을 알려주는 농업 선교사, 어린이 교육의 초석인 커리큘럼을 짜 주고 교사들을 양육해서 어린이집 운영을 도와주는 교육 선교사, 한류를 좋

아하는 지역에서 한국어를 가르치는 한국어 교사 등 각자의
전문성을 통해 선교사의 사명을 감당하는 시니어들이 있다.
선교지에서 뼈를 묻는 각오를 하지 않더라도 몇 달 체류하고
돌아오는 비거주 선교사도 가능하다.

시니어 세대는 속도와 성공이 아닌 방향과 의미를 찾는 시
기이다. "돌아갈 곳이 있으면 여행이지만 돌아갈 곳이 없으
면 방황이다"라는 말처럼 하나님과 함께 여행하는 인생으로
자리매김하면 어떨까?

나는 잠들어 있는 백설공주를 왕자가 깨우듯, "당신들은 하
나님의 군대입니다"라는 말로 시니어 군대들을 깨워 함께 하
나님의 군대가 되어 복음과 꿈을 전하는 비전을 바라본다.
죽음의 음침한 골짜기에 드러누워 있는 마른 뼈 같은 청소
년, 젊은이들이 주변에 많기 때문이다.

저것은 넘을 수 없는 벽이라고
고개를 떨구고 있을 때
담쟁이 잎 하나는
담쟁이 잎 수천 개를 이끌고
결국 그 벽을 넘는다

도종환 시인의 '담쟁이'라는 시의 마지막 구절이다.

영화 〈인턴〉의 로버트 드 니로가 30대의 미숙한 CEO인 앤 해서웨이의 손을 잡고 절망의 벽을 넘어 승리했듯이 나는 말할 수 있고, 들어줄 수 있고, 안아 줄 수 있는 성숙한 시니어로 절망의 늪에서 고개를 떨구고 있는 미숙한 담쟁이 수천 개를 손잡아 주는 그런 하나의 잎이, 손이 되고 싶다. 그리고 이 책을 읽는 시니어들도 함께 손잡고 결국 기적의 벽을 넘는 하나님의 군대가 되기를 소망해 본다.

그저 평범한 할머니로 살 뻔했던 내가 만년 소녀가 되고, 하나님의 군대가 되는 비전을 보게 하시니 하나님이 하시는 일은 정말 놀랍고도 놀랍다.